I

מענטשלעך
יקסטינגשאַן האָט
אנגעהויבן

LA EXTINCION HUMANA HA COMENZADO

HUMAN EXTINCTION HAS BEGUN

JAVIER GÓMEZ HERNÁNDEZ

Почалося вимирання людини

Capítulos

Prólogo VII

1.-Máquinas, robots y Terminators IX

2.- Mascotas y dueños XV

3.- ¿Quiénes somos, de dónde venimos y adónde
vamos?... ..XXIII

4.- Héroes XXIX

5.- Universo infinito XXXIII

6.- El dinero no crece en los árboles XLI

7.- Religiones y marketing XLVII

8.- Lavarse bien las manos después de ir al baño..LIII

9.- La fuente de la eterna juventud LIX

10.- Misterios y enigmas del Antiguo Egipto LXVII

11.- Tener razón sin verdad. Oratoria y liderazgo .. LXXVII

12.- La maldad humana siempre busca excusa LXXXV

13.- Cerebro 100 % XCIII

14.- La búsqueda de un nuevo hogar CI

15.- Viaje al pasado ……....................................... CVII

00.- Epílogo …... CXIII

మానవ
విలుప్తత
ప్రారంభమైంది

P*rólogo*

Hoy es el noveno día de confinamiento en España. Ya quedan atrás los primeros días de reclusión. El cuerpo y la mente comienzan a habituarse al retiro domiciliario. El estado de alarma dictado por el gobierno nos obliga a seis días más de aislamiento. La propagación sin freno de los contagios por el coronavirus, probablemente obligue a las autoridades a prorrogar quince días más el destierro de nuestra anterior vida.

Cuando todo comenzó, ya llevaba escrito más de dos tercios del libro que os presento ahora. El encierro en casa y la suspensión de las actividades cotidianas, han sido más que suficientes para terminar el proyecto. Estoy terminando con la corrección ortotipográfica, ordenando y maquetando los capítulos, y afinando algunos detalles. Todavía conservo notas manuscritas para nuevos temas y capítulos, aunque he decidido no escribir más de quince. Deseo que sea un buen augurio, e igual que este libro concluye en el capítulo 15, espero que la cuarentena forzosa expire también el día 15. ¡Crucemos los dedos!

En cuanto a la portada, tengo el diseño en la mente. No obstante, perderé bastantes horas y días para darle la forma atractiva que pretendo. Aunque el contenido es lo importante, bien sabemos que la portada es la carta de presentación. Puedes haber escrito la mejor historia del mundo, con el ritmo y el estilo de los mejores escritores de la humanidad, pero si tu nombre no es conocido ni en tu barrio, tu mejor apuesta será sorprender con una magnífica portada. ¡Y cómo no!, el título deberá ser el acompañamiento perfecto, tendrá que ser la media naranja de la portada, su alma gemela. Breve, conciso e impactante, o largo y desconcertante. De un modo u otro, esas primeras palabras del libro, enmarcadas en el título de la portada, deberán atraer poderosamente al potencial lector.

A pesar de los esfuerzos y de un encomiable trabajo técnico, y pese a haber creado una admirable portada con un impactante título, el libro puede pasar sin pena ni gloria por el circuito literario de ventas. ¡Oh, qué mala suerte! Sí, también la suerte es importante..., y el lugar, la situación y el momento...

Sea de una manera u otra, al igual que con mis anteriores libros, confío que la experiencia de la lectura sea satisfactoria para el afortunado lector. Con eso..., me conformo.

Máquinas, robots y Terminators

$\mathbf{A}$ctualmente, vivimos en un mundo tecnológico. El ser humano ha ido evolucionando con el paso de los tiempos. Desde la Era Prehistórica, pasando por la Medieval, Moderna y Contemporánea, hoy en día podríamos denominar a la etapa que vivimos como *Era Tecnológica*. Realmente, la tecnología es la característica principal que define los tiempos que vivimos en la actualidad. En las últimas décadas, el avance y el progreso tecnológico no deja de sorprendernos. La investigación y el desarrollo en este campo marcha a pasos agigantados. ¡Ya no hay marcha atrás!

Tanto a nivel público como privado, los esfuerzos y los

capitales invertidos en materia tecnológica no tienen parangón con ninguna otra época anterior. La *Revolución Industrial* supuso en su época un gran revulsivo para el progreso de la humanidad. Supuso un antes y un después para la sociedad de aquel entonces, aunque no se puede comparar con la actual Revolución Tecnológica. Aquéllos eran otros tiempos, muy diferentes a los actuales, ya que ahora contamos con un factor, que también ha supuesto una revolución a escalas impensables. Nos referimos a la *globalización*.

La *Revolución Industrial* propició el progreso humano, cambiando la antigua manufactura de productos, localizada y artesanal, a una producción industrial en cadena. Este avance tuvo efectos secundarios, creando legiones de trabajadores semi-esclavos, que satisfacían las necesidades de gentes con poder adquisitivo suficiente para comprar los bienes fabricados. Al abrigo de la industrialización, diferentes naciones se enriquecieron, en detrimento de otras que todavía se empobrecieron más. La Revolución Tecnológica que vivimos actualmente tiene similitudes con la Industrial, sobre todo en lo referente a aspectos sociales y laborales. Sin embargo, la gran diferencia que caracteriza a esta revolución es la accesibilidad. La innovación constante, el abaratamiento del coste de las materias primas y la mecanización de los procesos productivos, facilita prácticamente a cualquier persona el acceso a los nuevos productos tecnológicos. Vivir en una área geográfica del planeta o en otra, no condiciona en la práctica, el acceso a la tecnología actual.

El avance tecnológico no sale gratis. Importantes problemas se nos plantean a corto y medio plazo; los principales: la contaminación y el agotamiento de los recursos naturales. El voraz consumo de tecnología y el desecho constante de materiales nos plantea un gran desafío a nivel medioambiental. Todo está interconectado y cualquier avance o progreso, sobre todo a las escalas que nos movemos, influye en el frágil equilibrio de nuestro planeta. El cambio climático es una realidad, por mucho que algunas mentes interesadas lo intenten negar. Estamos en un punto de no retorno. Posiblemente, cualquier medida que tomemos, solamente nos asegure minimizar los efectos del cambio irreversible de las condiciones de habitabilidad de la Tierra.

La etapa evolutiva que vivimos hoy en día, además de tecnológica, también es etérea e interdimensional. El ser humano ha creado un mundo interconectado, al que nos hemos acostumbrado con demasiada rapidez. Por tanto, podemos decir también que en la actualidad vivimos en una *Era digital*. Las tecnologías de la información y comunicación han dado un salto cuantitativo y cualitativo. Internet, la red de redes, ha cambiado nuestra forma de vida y nuestro comportamiento a todos los niveles. Este factor de interconexión global ha modificado nuestras relaciones familiares, sociales, laborales, etc. Estamos viviendo este cambio de una forma rápida y vertiginosa, y nadie puede pronosticar el lugar o la situación a la que nos va a conducir a medio y largo plazo. Lo que sí podemos afirmar, es que ha modificado sustancialmente nuestra privacidad en todos los ámbitos. Nosotros mismos exponemos al mundo nuestras opiniones, nuestras conversaciones, nuestras preferencias, nuestras imágenes y nuestras grabaciones. Todo lo colgamos en esa red de redes a la que, por muchos códigos de encriptación y seguridad que instalemos, todo el mundo tiene acceso. Ya no solo entidades gubernamentales, sino infinidad de empresas, implantan programas espías de seguimiento de nuestra actividad en el mundo digital que hemos creado.

Ahora hablemos de máquinas, de robots, de utensilios y herramientas avanzadas. Forman parte de nuestra vida diaria, incluso solemos decir que ya no podríamos vivir sin ellas. En mi humilde opinión, salvo catástrofe mundial de diferente índole, la dinámica de avance y perfeccionamiento de las máquinas no tiene marcha atrás. Tanto a nivel público como, sobre todo, desde la iniciativa privada, se está investigando, desarrollando e innovando en este campo a unos niveles que jamás habríamos podido sospechar. El afán de superación, espoleado por los potenciales beneficios empresariales, estratégicos y de defensa, no tiene límites. La sensatez, algo de lo que carece la mayor parte de la especie humana, brilla por su ausencia. Nadie se está preocupando por regular y controlar el progreso tecnológico y digital. Pocas voces discrepantes se oyen en este sentido, desprestigiadas o silenciadas en su mayoría por ciertos sectores a los que no les interesa que se hagan escuchar. No queremos ver el gran peligro que nosotros mismos estamos incubando. Es una amenaza, a la que tarde o temprano, deberemos enfrentarnos.

¿Quién no ha visto alguna de las películas de la saga *Terminator*? Su argumento, en líneas generales, es muy claro y elocuente. Pronostica que las máquinas dominarán la Tierra en el futuro. Y siento tener que admitirlo, pero la trama del film se acerca demasiado a la realidad que nos espera. Hoy en día, estamos en esa etapa en que todo es posible. Nuevos descubrimientos nos asaltan por sorpresa a diario. A nivel industrial, las máquinas están sustituyendo a los empleados de las factorías. Las máquinas y robots hacen cada vez más tareas y de una forma más eficiente. A nivel doméstico, la mayoría de nosotros usamos y dependemos de robots de cocina, de limpieza, de entretenimiento; algunos hogares han implantado tecnologías domóticas, teniendo regulados informáticamente muchos de los procesos y quehaceres diarios de organización de una casa. Los robots han comenzado una invasión silenciosa de nuestras vidas.

La trama argumental de la película *Terminator* nos lleva a un futuro, donde una computadora compleja es capaz de pensar y decidir por sí misma. Con acceso total a todos los procesos tecnológicos y digitales de nuestro mundo, esta máquina toma conciencia como ser autónomo e independiente, comenzando una carrera por la perpetuación de su nueva especie: los robots. A partir de ahí, su principal misión es su propia subsistencia y la de los suyos, subyugando a la raza humana. Es ciencia ficción, sí, pero con visos muy futuribles.

En la actualidad, estamos creando robots capaces de realizar funciones muy complejas, máquinas que aprenden de sus aciertos y de sus errores. La investigación más puntera en el campo de la robótica está iniciando su andadura, pero avanza a pasos agigantados. Estamos desarrollando prototipos con aspecto y funciones nítidamente humanas. Los robots cada vez se parecen más al hombre y a la mujer, tanto a nivel físico como en su forma de comportarse ante diferentes situaciones. La meta de la siguiente innovación es que puedan ser totalmente autónomos en su forma de relacionarse y en la toma de decisiones. También, cómo no, que puedan autoabastecerse y conseguir la energía necesaria para funcionar y sobrevivir. Y por último, el paso definitivo, el avance crucial que situará a las máquinas en una posición primordial: la implantación de sentimientos. Ya se ha conseguido que imiten esta genuina característica humana, aunque en estadios muy primitivos. Pero, hasta la fecha, solamente hemos hablado de imitar. La última fase, la más peligrosa, será, cuando a raíz de su interrelación con los humanos, puedan realmente tener sentimientos y emociones propias.

Mientras tengamos el control sobre máquinas y robots, no habrá ningún problema. El peligro vendrá cuando tomen conciencia de sí mismos, cuando se empoderen y se crean iguales al ser humano. Ése es el gran riesgo al que nos enfrentamos. Primero, querrán ser como nosotros, después querrán estar por encima y, por ende, dominarnos. No es descabellado pensar en un futuro apocalíptico donde los robots dominen la Tierra. No es extraño, ya que estamos creando máquinas a nuestra imagen y semejanza. Y el ser humano, a lo largo de toda su historia, siempre ha pretendido dominar a sus semejantes. La especie humana, cómo no, posee grandes virtudes, pero también arrastra insalvables defectos. El ser humano se ve constreñido por la codicia, el egoísmo y las ansias de dominación sobre sus iguales. No es arriesgado pensar que los robots heredarán nuestras bondades, pero también nuestras maldades. Cada vez estamos más cerca de que, de nuevo, la realidad supere a la ficción. La película *Terminator* puede llegar a ser una magistral clase de historia humana o, quizás, de historia robótica... No, no lo debemos tomar a la ligera, ni mucho menos. El gran novelista de aventuras Julio Verne pasó a ser, con el paso de los tiempos, un gran adelantado a su época. Sus historias de ciencia-ficción, cuando las escribió, acabaron revelándose como pura realidad en nuestros tiempos actuales.

01001101	11000011	10100001	01110001
01110101	01101001	01101110	01100001
01110011	00101100	00100000	01110010
01101111	01100010	01101111	01110100
01110011	00100000	01111001	00100000
01010100	01100101	01110010	01101101
01101001	01101110	01100001	01110100
01101111	01110010	01110011	

Mascotas y dueños

¡Qué difícil comprender el comportamiento humano! Por muchos análisis y estudios que llevemos a cabo, nadie será capaz de desentrañar los pensamientos y las motivaciones que llevan a las personas a realizar un acto u otro.

Quizás, una decisión que, por superflua e innecesaria, podríamos tomar en algún momento de nuestra vida, sería: comprar o adoptar una mascota.

Desde tiempos inmemoriales, parece ser que la especie humana ha sentido la necesidad de poseer algún tipo de animal de compañía. Numerosos estudios e investigaciones han demostrado que en la Prehistoria nuestros ancestros ya se acompañaban de animales. Estos no les servían de fuente de alimentación, sino que eran usados como fieles ayudantes en sus agotadoras jornadas de cacería. Esa relación diaria e íntima habría provocado que el humano sintiera hacia el animal una especie de apego, fomentado también por una cierta gratitud hacia sus servicios. Una cosa llevó a la otra, creando en el humano y, posiblemente, también en el animal, sentimientos de familiaridad y de pertenencia a la tribu. Así, el animal pasó a tener una importancia casi equiparable al resto de miembros humanos del grupo.

En aquellos primigenios estados de la evolución humana, donde el lenguaje era simple y simbólico, la comunicación con el animal de compañía pudo ser tan válida y fructífera como con cualquier otro miembro del clan. Ahí, en aquel momento de nuestra temprana existencia, hace decenas de miles de años, comenzó nuestra particular relación con las mascotas.

En estadios posteriores, cuando el ser humano comenzó a establecerse de forma permanente en ciertas áreas geográficas del planeta, se inició el imparable camino hacia la formación de grandes civilizaciones. En el Neolítico se desarrollaron importantes culturas, siendo la Egipcia una de las que sobresalieron por encima del resto, y donde las mascotas siguieron teniendo un papel social relevante. Los antiguos egipcios idolatraron y deificaron a un sinfín de animales, tanto salvajes como domésticos. Sin embargo, el gato fue para los egipcios el animal de compañía por excelencia. Adorado y venerado, este pequeño felino se convirtió en la mascota del pueblo del Nilo durante aproximadamente tres milenios.

En época romana, los gustos del ciudadano de la República y del Imperio cambiaron. Entre las élites de la sociedad se adiestró principalmente al perro, sobre todo animales corpulentos y agresivos, que servían de compañía, además de como guardianes de la casa ante posibles ataques de alimañas salvajes o de ladrones nocturnos; también, aunque en menor medida, pequeños canes se acomodaron en las villas de los patricios. La gran variedad de espectáculos y luchas ofrecidas en anfiteatros y coliseos potenciaron la creación de un cuerpo de fornidos canes, adiestrados especialmente para las peleas. Se enfrentaban entre ellos o con diferentes animales salvajes, como leones y panteras, en sangrientos combates tan del gusto de los ciudadanos romanos. En el escalafón inferior, la plebe romana, con mucho menos poder adquisitivo, se conformaba con disponer de gansos y ocas como animales de compañía, utilizados también como socorridos guardianes; los graznidos de estos animales ponían en guardia a sus dueños ante posibles ataques a sus hogares. Otra de las mascotas que triunfó en aquella época, como no, fue el gato. Daba su servicio en las casas e incluso en los campamentos de soldados romanos, cazando ratas y ratones.

En los primeros siglos de la Edad Media, el perro pastor o el perro cazador eran los animales de compañía más demandados, estrechándose cada vez más los lazos de unión entre hombre y animal. Con el avance de los siglos, el *perro faldero* fue acrecentando su importancia, siendo animales pequeños y de aspecto adorable que podían ser tomados en el regazo. Los perros, por tanto, pasaron de ser meros ayudantes de caza a fuente de diversión y comodidad hogareña; así se desprende de las numerosas representaciones pictóricas de perros, acompañando a sus dueños.

En los siglos venideros, XVII y XVIII, como consecuencia de la expansión conquistadora y comercial llevada a cabo por las grandes potencias de la época, se puso de moda la posesión de animales raros y exóticos. Así, con la única misión de exaltar el poder de su dueño, las Casas Reales de todo el mundo se dedicaron a montar, en sus zonas palaciegas, una especie de zoológicos con especies animales de lo más variopintas. Desde fieros leones a poderosos elefantes, desde larguiruchas jirafas a jorobados camellos, pasando por un sinfín de aves, peces y criaturas marinas llenaban los recintos reales. Huelga decir, que la aclimatación de muchas de estas especies era complicada y costosa. Muchos de estos animales morían en el trayecto o a los pocos días de la llegada a su nuevo hogar; la mayoría eran disecados para su posterior exposición como animales exóticos inanimados en galerías y museos de Historia Natural.

En lo que respecta a personajes famosos de la historia, tenemos claros exponentes de sus curiosos animales de compañía. Como ejemplo, podríamos nombrar a Ramsés II, cuya mascota era un león llamado "invencible, que le acompañaba a todas sus batallas. Carlomagno tuvo un precioso elefante albino que le regalaron en el año 798, animal que quiso y admiró con tal devoción, que recibía las mismas atenciones que cualquier noble de la Corte. También Lorenzo de Médici recibió de parte del sultán de Egipto una jirafa como regalo, la cual acomodó en los establos de su villa familiar de Florencia. Volviendo a los elefantes, un admirador de estos grandes paquidermos fue el rey francés Luis XIV, que tuvo uno en los jardines de Versalles durante 15 años. A Mozart le acompañó un estornino durante largo tiempo, disfrutando cuando cantaba o imitaba sonidos curiosos. A la muerte del pájaro, el gran músico le compuso un epitafio y organizó un funeral en su honor. A Winston Churchill le acompañó una guacamaya llamada "Charly", de la que disfrutó por sus dotes parlanchinas. Catalina de Aragón poseyó un mono al que adoraba y la Emperatriz Josefina adiestró a un orangután. Iván "el terrible" tenía varios osos en su castillo, aunque la mascota más surrealista era el caimán que acompañaba al Marqués de Lafayette en sus numerosos viajes.

Y en la actualidad, ¿cuál es la relación que tenemos con las mascotas? Pues..., no ha variado mucho nuestro comportamiento con el paso de los siglos. Seguimos teniendo y deseando la compañía de animales, eso sí, con una mayor sensibilidad hacia ellos. Desde aves y pájaros hasta monos, o desde insectos hasta reptiles y serpientes, el ser humano es francamente excéntrico en la elección de animales de compañía. No obstante, perros y gatos siguen siendo nuestras mascotas más populares. Algunos cálculos estiman que podría haber en todo el planeta la friolera de 600 millones de gatos, cifra en la que se englobarían tanto los domésticos como los callejeros y abandonados. En lo que respecta a los perros, estaríamos hablando de una cifra similar, superando los 500 millones de canes y siendo la mayoría animales de compañía.

Estudios recientes estiman que el 26 % de los españoles tiene como mascota un perro y el 19 % un gato; estamos por debajo de la media europea, que considera que un 33% de la población posee una mascota gatuna. Uno de cada dos estadounidenses tiene un perro en casa y el país con mayor porcentaje lo ocupa Argentina con un 66 %. En cuanto a los gatos, los franceses con un 41 % se llevan el primer puesto. Queda, por tanto, evidenciado, que perros y gatos se llevan la palma en cuanto a nuestra elección de mascotas.

¿Qué características buscamos en nuestra mascota ideal? De los gatos domésticos apreciamos su tranquilidad, su atención o sus ganas de jugar. De igual manera, valoramos su necesidad de caricias y su ronroneo. De los perros, generalmente valoramos su inteligencia y lealtad, de ahí que sean considerados como los mejores amigos del hombre. Por eso y por otras cualidades, las mascotas gatunas y perrunas triunfan sobre el resto de animales en nuestra predilección de compañía.

En cuanto a los beneficios de tener una mascota, no hay ningún estudio concluyente, pero, al parecer, estos animales pueden ser provechosos para niños que sufren problemas de salud y para personas con trastornos depresivos. Además, según algunas encuestas, podemos decir que 7 de cada 10 encuestados consideran a las mascotas parte de su familia y un 30 % consideran a perros y gatos como amigos o compañeros.

A pesar de las conclusiones de estos estudios y

encuestas, encargados la mayoría por partes interesadas, tales como proveedores de alimentos para mascotas, en mi humilde opinión, la tenencia de una mascota aporta poco o muy poco y conlleva más desventajas que beneficios. No me refiero a los animales que tienen una función específica, como pueden ser perros pastores, cazadores o perros-guía. Me remito particularmente a los animales de compañía como tal, aquéllos que solamente proveen a su dueño de acompañamiento. Pienso que se crea una ilusión de beneficio en la mente de sus dueños. Observo a menudo a personas de toda índole, paseando a sus perros por parques y calles, a veces a horas intempestivas. No veo felicidad en sus caras, más bien al contrario. Les veo agachándose para recoger las deposiciones de sus mascotas, unas veces sí, otras veces no... Bien temprano, por la mañana, contemplo ausentes a los dueños, mientras sus perros olisquean, mean y cagan por doquier. Luego, regresan a casa, se van a trabajar y los dejan abandonados a su suerte durante la mayor parte del día. Allí, las mascotas aúllan, ladran y lloran la ausencia de su dueño.

Realmente, tener un animal de compañía no es una situación idílica. Cuando adquirimos o adoptamos una mascota, creemos que así va a ser, pero no medimos las consecuencias y las obligaciones añadidas. Ser dueño de una mascota es una gran responsabilidad, para la que no todos los humanos están preparados. A esos dueños de animales de compañía les recomendaría centrar sus esfuerzos en relacionarse con otros seres de su misma especie y escapar de ese mundo irreal que han creado con sus mascotas. Les aconsejaría buscar beneficios o felicidad en otros lugares: ayudar desinteresadamente a otras personas, hacer compañía a gente que vive sola, invertir tiempo en asociaciones que trabajan con colectivos vulnerables, etc. Seguro que estas acciones les aportarían mayor grado de satisfacción en su vida diaria, que la simple posesión y relación con su mascota. En fin, no hay nada escrito en cuanto a gustos humanos, aunque demasiadas veces nos dejamos llevar por modas pasajeras que no tienen ningún sentido. Posiblemente, epidemias que transfieran las mascotas, sí, nuestros adorables animales de compañía, acaben con la especie humana...

¡Ah! Se me olvidaba... Si lo que queremos es cuidar de una mascota porque sentimos esa imperiosa necesidad, un buen plan sería hacernos con un *tamagotchi,* una suerte de mascota virtual que se popularizó a finales de los 90 del pasado siglo. No lo dudes, todavía la puedes adquirir en portales de venta electrónica como Amazon. Es pequeña, manejable, la puedes llevar colgada del cuello todo el día y te dará los mismos quebraderos de cabeza que un animal de compañía real.

สัตว์เลี้ยงและเจ้าของ

மனித அழிவு
தொடங்கியது

¿*Quiénes somos, de dónde venimos y adónde vamos?*

Tres simples preguntas en una, muy fáciles de contestar: somos polvo de estrellas, venimos de la evolución y vamos hacia nuestra destrucción. Estas respuestas serían tan válidas como otras tantas que podríamos dar. Pero, cierto es, serían soluciones demasiado baladíes a un enigma que ha intrigado al ser humano desde el comienzo de los tiempos. Tanto el hombre como la mujer se han planteado, desde que tienen conciencia de sí mismos, la razón de su frágil existencia. No es arriesgado pensar que, desde los albores de la existencia del ser humano en el planeta Tierra, éste ha intentado dar respuesta al misterio de la creación, de la evolución o cómo queramos denominarlo.

Huelga decir que, en las sociedades pre-contemporáneas, buscar y encontrar una respuesta a estas cuestiones tan transcendentales fue mucho más simple que en la actualidad. Desde la Prehistoria, el *Homo sapiens* se refugió en la naturaleza y en las estrellas para buscar una explicación a todo tipo de misterios, dándoles respuesta desde su arcaica visión del Universo. Con el devenir de los tiempos, el ser humano fue creando complejas estructuras mitológicas, que derivaron en las posteriores religiones surgidas a lo largo y ancho de la geografía planetaria.

Tanto los mitos de las sucesivas civilizaciones como el ideario de la mayoría de las religiones surgen de la necesidad de buscar una explicación plausible a las cuestiones referidas en el título de este ensayo. La especie humana existe y subsiste en este planeta, pero quiere saber más. Quiere conocer el porqué de su existencia, el lugar de donde viene y su futuro en la Tierra y en el Universo. La curiosidad es un elemento innato en el hombre y en la mujer, y la imposibilidad de dar una respuesta lógica y razonada a interrogantes de tanto calado, provoca en la mente y también en el estómago una gran desazón. La mitología en tiempos pretéritos y las religiones en tiempos más recientes han conseguido paliar, de alguna manera, ese sinsabor que atenaza el alma humana.

Casi todas las grandes civilizaciones fueron creando con el tiempo complejas estructuras fabuladas, compuestas por seres animados e inanimados que actuaban en la sombra para mantener nuestra existencia en equilibrio. De este modo, conseguían que todos los sucesos acaecidos en nuestra vida tuvieran una causa y un efecto. Así, todo quedaba perfectamente engranado y, así, nadie tenía la necesidad de pensar o buscar más allá. Todo tenía una explicación y las poderosas élites podían mantener la seguridad y, de paso, su propia perpetuación en el poder, manejando a su antojo los designios de toda la humanidad.

No se sabe a ciencia cierta cuándo los seres mitológicos devinieron al estatus de dioses o, tal vez, lo fueron siempre desde el mismo inicio de la mitología. Fuera de una manera u otra, el mito y la religión siempre han ido cogidos de la mano. Además, las religiones monoteístas actuales bebieron de los antiguos cultos politeístas, basados casi en su totalidad en disposiciones mitológicas. Las religiones más extendidas hoy en día, y las que más adeptos suman, adoran a un único ser, comúnmente denominado *Dios*. Quedaron atrás aquellos cultos complicados, enrevesados y representados por una miríada de dioses. Sin duda, la omnipotencia representada en un único dios facilita las cosas, simplificando las respuestas a los interrogantes esenciales sobre la existencia humana. De esta forma, este ser supremo ha sido el dador de vida, nos ha instalado en un confortable planeta y estaremos aquí o allá hasta que él lo decida. Así, el ser humano no tiene que pensar ni explicarse nada, todo viene dado por el gran hacedor. Esta visión tan simplista reconforta a muchas personas, que no se ven en la necesidad de escrutar los grandes misterios y enigmas de su superflua existencia.

No obstante, a poco que uno quiera indagar más allá, las respuestas satisfactorias que nos puede dar un omnipotente ser creador, nos fuerza a formular otras tantas más inquietantes sobre su esencia misma. A modo de ejemplo, se me ocurren éstas:

- ¿Quién creó a este ser supremo y omnipotente?
- ¿De dónde procede?
- ¿Qué edad tiene?
- ¿Con qué finalidad creó la vida en la Tierra?
- ¿Por qué nos alojó en un minúsculo planeta y creó un Universo infinito donde, al parecer, nos encontramos solos?

- Si él lo tiene todo, ¿qué necesidad tenía de crear vida?
- Y nosotros, seres minúsculos y despreciables, ¿qué satisfacción o beneficio le podemos dar a este ser supremo?

Todos estos interrogantes, y muchos más, deberíamos tener en cuenta si aceptamos la idea de un dios creador. A poco que usemos la lógica y el raciocinio, factores que abundan muy poco en la especie humana, llegaremos a la conclusión de que la concepción de un ser supremo no se sostiene por ningún lado. Por tanto, en mi humilde opinión, aferrarse a la fe en el siglo XXI plantea más interrogantes que respuestas...

Dejando atrás las religiones, los dioses supremos y la sugestión de sucesos milagrosos no contrastados, el ser humano de hoy en día tiene, como jamás tuvo en toda la historia, herramientas suficientes para acercarse a la verdad. La ciencia en general, los métodos científicos en particular, la observación a gran escala, los instrumentos y la tecnología de vanguardia son los pilares idóneos para abordar e intentar explicar los grandes enigmas de nuestra existencia y del entorno en el que vivimos. Apoyarnos en el método científico no es la opción más fácil, al revés, es un camino tortuoso que debemos escoger para llegar al conocimiento total. Es lo que tiene la investigación..., responde científicamente a las encrucijadas que nos perturban y, a la vez, crea nuevos interrogantes. Y así..., sucesivamente.

De esta forma, la ciencia responde serenamente a los grandes enigmas, sin funambulismos innecesarios. ¿Y qué soluciones nos plantea ésta al enigma de la existencia humana? Básica y resumidamente nos aclara que el Universo en el que habitamos se formó tras una gran explosión hace aproximadamente 15.000 millones de años, que el Sistema Solar y nuestro planeta Tierra nacieron hace unos 4.500 millones de años y que el ser humano, el *Homo sapiens,* procede de la evolución de los primeros homínidos. O sea, que ya tendríamos la respuesta a quiénes somos y de dónde venimos, independientemente de que sea complicado para la mente humana pensar en lapsos tan largos de tiempo. Y no digamos de la dificultad insalvable que tenemos para poder admitir que el tiempo y el universo sean infinitos. Pero..., estos temas dan para mil y un artículos más.

Solventado, pues, el problema de "quiénes somos" y "de dónde venimos", solamente nos queda por resolver la tercera cuestión. Y, quizás, aunque no lo parezca, es la de más difícil resolución. Evidentemente, los primeros interrogantes son presente y pasado, mientras que la cuestión de "adónde vamos" es futuro y, casi siempre, el futuro es incierto... Simplificando la respuesta, podríamos admitir, sin ninguna duda, que la especie humana tiende a la extinción. No sabemos cuándo efectivamente ocurrirá, aunque podríamos decir que es ley de vida. Tarde o temprano, al igual que otros seres vivos a lo largo de la historia, nos extinguiremos. Las causas podrán ser ajenas a nuestro control o, muy probablemente, nosotros mismos propiciaremos nuestra extinción. Este último motivo se nos antoja mucho más real, ya que es intrínseco a la naturaleza humana. Al paso que vamos, nuestra propia avaricia –como seres individuales y egoístas que somos– , acabará destruyendo el único hogar que conocemos. El planeta Tierra sucumbirá, no tardando mucho, ante la depredación a la que lo estamos sometiendo. Como ya vaticinó, antes de su fallecimiento, el gran genio Stephen Hawking, los humanos deberemos buscar otro mundo para vivir. Según él, nuestro planeta azul no durará más de 100 años; después pasará a ser un lugar inhóspito e inhabitable.

No nos cabe la menor duda de que es una predicción demasiado arriesgada, aunque viniendo de un afamado sabio, no estaría mal tenerla en cuenta. Personalmente, creo que se ha quedado corto; al ritmo de destrucción que llevamos, un siglo me parece un lapso de tiempo excesivamente grande. Tomando conciencia del problema que se nos viene encima, digo yo, sería más fácil y simple conservar nuestro maravilloso planeta que buscar otro a cuyas condiciones menos benignas habría que adaptarse. Máxime, con la prisa de investigar y probar nuevas tecnologías capaces de trasladarnos a este nuevo mundo... Y todo, contando con que pudiéramos adaptarnos a sus condiciones de gravedad, atmósfera, luz, temperatura... En fin, son tantas las variables a tener en cuenta, que la probabilidad de desaparecer como especie – junto a todas las demás que habitan en la Tierra– , es tan alta que no me atrevo a dar una cifra...

Sea aquí o en algún otro recóndito lugar del universo, el futuro de la especie humana tiene los días contados. Los grandes reptiles poblaron la Tierra durante decenas de millones de años. Nosotros apenas llevamos unos miles y ya estamos al final del recorrido. Desapareceremos, nos extinguiremos, no sé cuando, pero así será...

Без кем, без каян киләбез һәм кая барабыз?

XXVIII

Héroes

¡Cómo nos gusta esta palabra! Sobre todo, su significado y sus connotaciones emocionales. Todos adoramos a los héroes. Todos hemos querido ser alguna vez uno de ellos. Pero, claro, los héroes son la excepción, son una rareza de la evolución humana, un paréntesis en el comportamiento de hombres y mujeres. Cuando digo *héroes,* me refiero a héroes y, en particular, a heroínas, porque el género femenino tiene más predisposición a la heroicidad.

No debemos confundir a los héroes y heroínas con su término superlativo. Los superhéroes y las superheroínas del cómic y del cine tienen en su mayoría poderes sobrenaturales, poderes que escapan a la capacidad humana. Otros, como por ejemplo Batman –el murciélago de Gotham City–, aún no teniendo ninguna capacidad extranatural, sí poseen tecnología de vanguardia al alcance de pocos. Por tanto, en este artículo no nos vamos a referir a este tipo de héroes, ni siquiera a tu vecino y amigo Spiderman, cuando su tío Ben, a punto de fallecer, le susurró al oído: *Peter, un gran poder conlleva una gran responsabilidad*. Aquí, vamos a hablar de los héroes anónimos, de las heroínas que lo son cada día, de esos hombres y mujeres valientes que se saltan la genética humana, que anteponen el bienestar del prójimo al suyo. De ésos y de ésas queremos hablar.

Desde tiempos protohistóricos y mitológicos, desde que el ser humano puebla la Tierra, las figuras del héroe y de la heroína han tenido una especial atracción para el resto de los mortales. ¿Y esto por qué...? Pues, ni más ni menos, que por su excepcionalidad. La rareza del acto heroico caracteriza al héroe y a la heroína, y produce en el resto de los mortales una admiración inusual, que en algunos casos roza la pura adoración. Los actos de heroicidad, sin ninguna duda, reconcilian al ser humano con su especie y, aun teniendo una característica de excepción, forman parte inequívoca de la naturaleza humana.

El ser humano es por excelencia una criatura individual y egoísta, que por diversas razones tiene la necesidad de vivir en sociedad. Sin embargo, su relación con el resto de individuos y con la comunidad de la que forma parte, no se asemeja a otro tipo de vínculos que caracterizan a otras sociedades animales similares. En colmenas y hormigueros, cada miembro de estas sociedades jerarquizadas tiene una función predeterminada desde su nacimiento. Ningún individuo tiene a lo largo de su vida acceso a otro estatus. Si nace abeja obrera o si nace hormiga recolectora, lo será hasta sus últimos días. Es difícil de entender desde la concepción humana de la vida, pero este tipo de sociedades estructuradas perviven y subsisten con relativa facilidad. Cada uno de estos insectos, dentro de su colmena o de su hormiguero, tiene una tarea que realizar, colaborando con el resto para que su sociedad funcione. Lo primero, lo único importante, aquello que está por encima de todo, es su comunidad. Trabajan y aportan todos a una. El individuo independiente no existe, simplemente es parte del todo, sin ninguna relevancia individual por sí mismo.

Las sociedades humanas tienen similitudes estructurales con las comunidades de insectos anteriormente citadas, aunque sólo en teoría. En la práctica, diferimos bastante en cuanto a organización, jerarquía y disciplina. Cada persona puede realizar diferentes tareas y actividades a lo largo de su vida, algunas en beneficio de la comunidad y otras, aunque parezca extraño, en perjuicio de la propia sociedad en la que vive. En la mayoría de las sociedades humanas, el individuo como tal está por encima del grupo. Se siente único y, en gran parte de los casos, sus prioridades se anteponen a las necesidades de su comunidad. Casi siempre colabora, realizando diferentes actividades precisas para la sociedad, pero no lo hace pensando en el beneficio de la comunidad sino en el suyo propio. Su trabajo o su actividad redundará, o no, en beneficio del resto de individuos, aunque no sea su principal motivación. Al ser humano le mueve su propia satisfacción, bien sea económica, social, de clase, etc.

El ser humano, como individuo, anhela crecer, progresar, poseer, aumentar... En la mayoría de los casos, ésta es su meta en la vida. No le importará para conseguir sus objetivos, ser insolidario con el resto y con la sociedad a la que pertenece. Primero será él, después el resto y el grupo. Incluso, en algunas ocasiones, anteponiendo su propio beneficio, provocará a sabiendas perjuicio en los demás y en la sociedad en general. En su interior, hay una fuerza irrefrenable que le ayuda a subsistir y a sobrevivir. Esta energía intrínseca es, sin lugar a dudas, el egoísmo, que no es otra cosa que pensar primero en uno mismo.

Llegados a este punto, comprenderemos la importancia de la figura del héroe. Así, el héroe o la heroína será aquella persona, que anteponiendo su integridad y subsistencia, velará o salvará a otro individuo de su misma especie. El acto heroico se consumará cuando la valentía del individuo sea superior a su egoísmo intrínseco. Sea meditada o de manera impulsiva, la acción heroica se contrapone al ansia de supervivencia innata que posee la naturaleza humana. De esta forma, a la generalidad de las personas les causa una gran aflicción romper esa barrera, ya que choca contra su deseo de supervivencia. Por eso, sólo en determinados casos y circunstancias surge la chispa, y la valentía sobrepasa al egoísmo, desencadenando el hecho heroico. Y en ese preciso momento, engrandecida por la excepcionalidad, surge la aclamada figura del héroe y de la heroína.

Aun así, y sin entrar en complicadas disquisiciones, podemos diferenciar claramente dos tipos de héroes, basándonos en sus relaciones con las víctimas. Es evidente que para que intervenga el héroe debe haber alguien en peligro. El primer tipo lo denominaríamos *héroe familiar*, porque la persona que debe ser salvada forma parte del círculo más cercano del héroe, bien por filiación de familia o por amistad. En este tipo de ámbitos, suele aparecer con más frecuencia la figura heroica, ya que su relación estrecha con la víctima impulsa con más fuerza su instinto de protección hacia ella. Un padre o una madre no dudará en dar la vida por su hijos. En estos casos, surge con más fuerza la figura de la heroína, siendo las madres las que con más ímpetu activan el instinto de protección hacia su progenie.

XXXII

El segundo tipo lo denominaríamos *héroe anónimo*, al no tener ningún tipo de relación o familiaridad con la víctima. Éste sería el héroe o heroína por antonomasia, aquél o aquélla que es capaz de arriesgar su vida por otro individuo de su especie. Lo hace porque sí, con una motivación difícil de comprender por el resto. Este tipo de personas, héroes y heroínas en grado superlativo, avienen al ser humano con su especie.

Y si nos atenemos a la periodicidad de los actos heroicos, no deberíamos olvidarnos de los *héroes diarios*. Son aquéllos que solidariamente ayudan a los demás. Lo hacen día a día, muchas veces sin reconocimiento, pero lo hacen trabajando y mejorando la vida de otras personas menos favorecidas. Lo hacen impulsados por la empatía, por la necesidad de hacer el bien. Son héroes y heroínas a tiempo completo.

¡Cómo nos gustan los héroes!

U*niverso infinito*

El mero título de este artículo causa en el ser humano una sensación de desasosiego. La vasta inmensidad del universo conocido nos desborda, y eso que es una ínfima parte de lo que nos queda por descubrir. Nuestra mente no está preparada, al menos, de momento, para comprender la infinitud del tiempo y del espacio.

El universo cercano está plagado de miles de millones de galaxias espirales como nuestra Vía Láctea. Cada una de ellas está formada por miles de millones de estrellas, con sus correspondientes planetas y satélites girando a su alrededor. No digamos del descubrimiento de increíbles agujeros negros, algunos irracionalmente masivos, que engullen todo lo que se acerca a su horizonte de atracción. Por si todo esto no fuera suficiente, también pueblan el espacio: ingentes cantidades de nubes de gas, protoestrellas, estrellas de neutrones, púlsares, enanas rojas y blancas, y un largo etcétera de diversos cuerpos estelares. Además, todavía por encontrar: la materia y la energía oscura; aunque modelos teóricos de investigación la dan por cierta.

Si bien el espacio y la materia son infinitos, el factor tiempo todavía nos adentra más profundamente en la infinitud de nuestro marco existencial. Son tan enormes las distancias, incluso hasta nuestras galaxias vecinas, que el universo que observamos actualmente no tiene nada que ver con la realidad. Las estrellas más próximas están a decenas de años luz y, aunque en términos astronómicos es una distancia insignificante, comparada con nuestra corta existencia en el mundo es hoy en día una distancia insalvable. Debemos recordar que la luz se desplaza muy rápidamente, nada menos que a 300.000 kilómetros por segundo. Si un año terrestre dura más de 31 millones de segundos, la luz recorrería aproximadamente 10.000 sextillones de kilómetros en ese tiempo. O sea, que al realizar la operación en una calculadora, aparecen tantos ceros que abrevian el resultado así: 9.4608e12. Para entendernos, al observar con un telescopio una estrella que dista un año luz, es tan inmensa la separación hasta la Tierra, que su brillo y su luz tardan en llegarnos un año, y eso que la luz viaja a la endiablada velocidad que hemos

XXXIV

cuantificado anteriormente. Además, debemos recordar también, que no existen estrellas tan cercanas. Las más próximas a nuestro planeta, exceptuando el Sol, se encuentran a varios años luz de distancia.

Conociendo, por tanto, que las distancias astronómicas son tan abrumadoramente enormes, cualquier sección que observemos del espacio nos dará una imagen del pasado. A modo de ejemplo: cuando observamos la explosión de una supernova, estamos contemplando un suceso que ocurrió hace muchísimo tiempo; simplemente, en el momento actual, es cuando nos llega su luz, tras haber recorrido una inmensa distancia hasta la Tierra. Así, podemos decir que el espacio y el tiempo se funden en uno solo.

El ser humano, que vive en un minúsculo planeta, donde el espacio y el tiempo son finitos, no puede ni siquiera imaginar la grandeza de la infinitud. Nuestra mente no está preparada para ello, es algo que se escapa a nuestra comprensión. Quizás, lo más parecido que conozcamos, sea algo creado por nuestra inteligencia: las matemáticas y los números. Sin embargo, cuando pensamos que una cifra será infinita con la simple adicción de números, no nos provoca ninguna aflicción, lo damos por sentado. En cambio, asumir que valores como el espacio y el tiempo son infinitos dentro de un universo también infinito, provocan en el ser humano un desgarrador interrogante.

El gran enigma que se nos plantea, derivado de los anteriores, es la existencia de la vida, de nuestra vida, de la única que conocemos. Y esto nos lleva a preguntarnos: ¿estamos solos en este Universo insondable? A día de hoy, especulaciones aparte, no tenemos ninguna prueba sólida y fehaciente que demuestre la existencia de vida fuera de nuestro planeta.

Todas las investigaciones apuntan a que, tras la gran explosión inicial, surgió el universo que conocemos. Los científicos han calculado que este evento pudo suceder hace aproximadamente 15.000 millones de años. También dan por hecho, que nuestro planeta y nuestro Sistema Solar se formaron hace 4.500 millones de años. Después, transcurridos varios centenares de millones de años, apareció en la Tierra la vida, al principio simple, unicelular. El paso del tiempo y las condiciones idóneas de nuestro planeta provocaron una explosión de vida compleja que fue evolucionando hasta la actualidad, donde coexistimos millones de especies animales y vegetales. Por el camino desaparecieron otros millones, consecuencia de diferentes extinciones, algunas progresivas y otras caóticas. A pesar del cambio del hábitat y de las condiciones climáticas, la naturaleza siempre se abre paso, al menos, hasta ahora. Últimamente, nuestra voraz depredación del planeta está poniendo en jaque la continuidad de la naturaleza y del planeta mismo.

Un controvertido debate enfrenta a la comunidad científica, aunque nadie hasta ahora ha podido presentar pruebas sólidas. Se trata de la aparición de la vida, sí, de esa vida unicelular microscópica que se extendió por toda la geografía planetaria, creando increíbles tipos de seres complejos. Algunos apuestan que surgió espontáneamente en los océanos. Otros, por el contrario, creen que nuestros antepasados son extraterrestres, que la vida llegó a la Tierra desde los confines del universo, encapsulada en un asteroide o en algún cometa. Si esto último hubiera ocurrido, demostraría que existe vida más allá de nuestro planeta azul. Probaría, ¡que no estamos solos!

Acostumbrados a la diversidad vital que nos rodea, nos cuesta entender que en un universo infinito no exista más vida que la de nuestro planeta. Es muy complicado de asimilar, pero, hasta la fecha, las condiciones que posee nuestro planeta no han sido encontradas en ningún otro lugar del espacio. Quizás, deberíamos cambiar de mentalidad y pensar que puede existir otro tipo de vida, una en la que el oxígeno, el agua y el carbono no sean elementos indispensables. Si así fuera, podría darse la circunstancia de que existiera algún tipo de vida microscópica que se desarrollara en otro tipo de condiciones, bajo el sustento de otro tipo de gases... Sin embargo, si esto fuera posible, no aparecería una vida compleja como la que conocemos; de seguro, sólo se desarrollaría en estado microscópico.

Por tanto, a pesar de los pesares, debemos llegar, diría yo, a una impactante conclusión: la vida es insólita y única, una maravillosa anomalía de complicada propagación, salvo en entornos planetarios como el nuestro. En la inmensidad del espacio, la Tierra es única, sorprendentemente diferente a todo lo que conocemos. Nuestro planeta rocoso posee agua en cantidades importantes y está envuelto de una atmósfera perfecta, que nos protege de las radiaciones de nuestra estrella y del impacto constante de pequeños meteoros. Nuestro mundo se halla orbitando en una posición inigualable dentro del Sistema Solar, ni muy cerca ni muy lejos de nuestra estrella madre, manteniendo una temperatura suave y constante; los planetas rocosos cercanos al Sol se abrasan, y los más alejados se han constituido como gigantes gaseosos helados. Además, la situación de nuestro sistema estelar, en los aledaños de la Vía Láctea, es óptima. Así, estamos alejados del núcleo galáctico, donde existe un agujero negro supermasivo y gran actividad de creación y destrucción de estrellas. La Tierra tiene una gravedad suficiente y una suave inclinación de su eje, que rota cada 24 horas, creando el día y la noche. Gira alrededor del Sol a lo largo de un año, con un perihelio elíptico que propicia las estaciones necesarias para el ciclo de la vida. Además, cuenta con un núcleo de hierro líquido que aporta calor hacia la corteza y, sobre todo, origina un escudo magnético que nos protege de las radiaciones solares.

Cada una de las variables que hemos nombrado son necesarias para que exista vida en la Tierra. Si una de ellas fallara o no cumpliera su función, o simplemente no existiera, la vida tal como la conocemos no sería posible. Entonces, la

XXXVII

afirmación a la que debemos llegar no puede ser otra: nuestro hogar es insólito y frágil. Ante la certeza de un universo infinito, encontrar un planeta con las mismas o similares condiciones no debería ser complicado, aunque, a pesar de los avances tecnológicos, llegar hasta él sería ciencia ficción... Aun así, las variables y condiciones para la vida son tan intrincadamente complicadas y frágiles que, estadísticamente, encontrar un planeta parecido al nuestro se antoja harto difícil.

Desde que se descubriera el primer planeta fuera de nuestro Sistema Solar, miles de exoplanetas han pasado a engrosar la lista en los últimos tiempos. Algunos demasiado grandes, otros demasiado cercanos a su estrella, unos demasiado lejos, otros sin atmósfera, unos sin agua, algunos giran muy lento, otros muy rápido. ¡Qué complicado imitar a la Tierra! Por mucho que hemos escrutado el espacio hasta ahora, el rincón del universo más parecido a nuestro planeta lo tenemos aquí al lado y es: nuestro vecino Marte. De masa similar, rocoso, con agua en estado sólido, aunque con una tenue atmósfera, y situado en la zona habitable de nuestro sistema planetario, pudo haber sido una segunda Tierra en la época de su formación. Diversos factores, todavía por investigar, provocaron un desarrollo y una evolución diferente a la de nuestro planeta, convirtiendo a Marte en un lugar desértico, inhóspito y frío. Numerosos planes y misiones de diferentes agencias espaciales tienen la vista puesta en la colonización del planeta rojo. Quizás, consiga el ser humano establecer alguna colonia permanente en las próximas décadas, aunque vista la originalidad del planeta Tierra en este universo infinito, sería mas producente invertir esfuerzos y capitales en la conservación de nuestro planeta azul.

No me gustaría dar por finalizado este artículo, sin comentar algunas líneas sobre los misteriosos y escurridizos agujeros negros. Aunque de difícil comprensión para la mente humana, incluso para las mentes científicas más preclaras, los agujeros negros ya no son tan esquivos. Pensábamos que existían pocos, que eran una rareza, pero la tecnología actual ha permitido encontrar muchísimos. En casi todas las galaxias conocidas, se ha detectado en su núcleo un agujero negro supermasivo. También, por doquier, en diferentes áreas galácticas, podemos encontrar otros de diferentes magnitudes. Los agujeros negros son un desafío a la comprensión general del universo. De eso, a ningún científico le cabe la menor duda.

Por un lado, la definición de un agujero negro es simple a nivel teórico y, por otro lado, complicada a nivel lógico. ¡Claro! No es fácil entender que estos elementos astrales sean muy poco voluminosos y, en cambio, su masa sea terriblemente inmensa, lo que produce un efecto gravitatorio tan brutal que son capaces, incluso, de curvar la propia luz. Su apetito es voraz y todo lo que se acerca a su horizonte de atracción es engullido y devorado. No escapan a su portentosa gravedad ni el polvo estelar, ni las nubes de gases, ni las estrellas más masivas. Todo es atrapado por estos misteriosos cuerpos estelares. Lo que intriga sobremanera es, que un pequeño volumen, similar por ejemplo a una naranja, pueda albergar la masa de varios soles como el nuestro. No podemos imaginar que una densidad tan alta pueda existir. Por eso, debemos suponer que el factor tiempo es determinante, uniéndose indefectiblemente al espacio. Algunos creen que la materia engullida por los agujeros negros se transporta a otra dimensión espacio-temporal. Sea de una manera u otra, estamos muy lejos de comprender la formación, evolución y comportamiento de estos enigmáticos cuerpos estelares.

Posiblemente, nuestro Universo se formó a partir de la explosión de un inmenso agujero negro, incapaz de soportar en su seno la densidad formada por miles de estrellas o, incluso, de galaxias enteras. Es también posible, que los agujeros negros desperdigados por infinidad de galaxias, acaben fagocitando el universo que conocemos. Sin embargo, eso sí lo podemos asegurar, ninguno de nosotros lo veremos.

XXXIX

અનંત બ્રહ્માંડ

การสูญพันธุ์
ของมนุษย์ได้เริ่ม
ขึ้น

El dinero no crece en los árboles

El título no puede ser más elocuente y clarificador, y todo economista que se precie debería creer en esta máxima. Yo no he estudiado Economía ni ninguna de sus vertientes académicas, pero como observador y librepensador tengo algunas ideas que exponer. Y me reitero: el dinero no crece en los árboles. Y..., ¿qué quiero decir con esto? Pues, simple y llanamente, lo que la frase dice: el dinero no crece en los árboles. En este planeta en el que habitamos que, hasta donde yo sé, es el único que soporta vida de todo tipo –incluida la humana–, el dinero siempre es el mismo. Es como la energía, ni se crea ni se destruye, simplemente se transforma.

El dinero o el capital siempre será igual, no crecerá ni disminuirá. Procede y procederá de fuentes diversas que se transforman y transformarán en beneficios o plusvalías, en excedentes o déficits, en remanentes o diferencias... ¡Qué lío! Sí, pero no tanto, porque la máxima del título nos lleva a una segunda máxima, igual de significativa: para que vivan los ricos tiene que haber pobres. Esto lo sabe hasta un niño o una niña de primaria. Para que unos amasen imponentes fortunas otros deben empobrecerse cada vez más, porque como expuse antes: el dinero ni se crea ni se destruye, se transforma. O mejor dicho, pasa de unas manos a otras. Es la premisa fundamental en la que se basa el capitalismo desaforado. Todos podemos intentar progresar, avanzar y conseguir una mejor calidad de vida, sí. No obstante, esa meta la conseguiremos con la posesión de capital, que luego invertiremos en la adquisición de bienes y servicios.

Las disquisiciones anteriores nos llevan al meollo de la cuestión, que, básicamente, desemboca en un interrogante fácil de responder: ¿es justo el sistema económico actual? No, no es justo ni igualitario desde el mismo momento en que no existen medidas que den las mismas oportunidades a todos. La redistribución de la riqueza es uno de los mayores dilemas a los que se enfrenta el capitalismo. Y por mucho que nos empeñemos, el comunismo no es la antítesis del sistema capitalista. Existe un gran espacio vacío entre ambos pensamientos económicos, y la puesta en valor de lo mejor de cada uno de ellos, haría de ésta una sociedad más justa e igualitaria.

Las ambiciones del ser humano no han variado mucho con el paso del tiempo, simplemente se han acomodado a las situaciones sobrevenidas en cada momento de la historia. Y aunque hemos comenzado hablando de economía y capital, de dinero y posesión, no tiene nada que ver con esto. El deseo y la codicia del ser humano desde tiempos inmemoriales tiene que ver con algo diferente: poder. Ocurre, que, inexorablemente, el ansia de poder, la mayoría de las veces, está estrechamente relacionado con la necesidad de posesión de bienes y de tenencia de capitales. Por ende, el poder consigue situarte en un nivel por encima del resto de los mortales o, por lo menos, por encima de unos cuantos. El ser humano aspira a eso: a dominar al resto, a liderar a muchos, a controlar a diferentes grupos e individuos. En el fondo, lo que ambiciona es decidir por el resto, y que sus ideas sean órdenes para los demás.

En contadas ocasiones, un individuo o grupo de individuos sobresale por encima del resto y puede acceder al poder mediante un liderazgo espiritual, convenciendo con la palabra o con acciones dignas de mención a sus seguidores. Se puede decir que estos casos son la excepción dentro de la corta historia humana. La manera más usual de conseguir una preponderancia sobre el resto de sujetos es mediante la posesión de bienes o capitales. Éstos ayudan a comprar favores, a decidir y disponer sin contar con los demás. No cabe duda de que la debilidad humana favorece enormemente este asunto; siempre será más fácil convencer a tu prójimo con dinero que con palabras.

Llegados a este punto, podríamos decir que aparece en escena una fuerza propia del universo: la gravedad. Sí, sí..., aunque parezca surrealista, la fuerza gravitacional tiene una gran influencia en la economía local y mundial. Los cuerpos estelares más voluminosos y con más masa atraen a los más pequeños. Usualmente, los atrapan en su órbita, haciéndoles girar indefinidamente a su alrededor y sin posibilidad de escape. En ciertos casos, la atracción será tan fuerte que el objeto grande engullirá al pequeño, haciéndole formar parte de él. De esta manera tan simple, suelen desarrollarse las relaciones económicas, que terminan desembocando en el poder sublime de unos privilegiados. Por consiguiente, podemos expresar, sin temor a equivocarnos, que el dinero atrae al dinero y, por derivación, el poder atrae al poder. Y esta situación ha ocurrido, a lo largo de la historia, entre individuos y grupos, entre clanes y tribus, entre reinos e imperios, entre naciones y estados. Y, en la actualidad, también ocurre entre empresas y corporaciones, entre alianzas y monopolios...

Cuando un individuo o una empresa se enriquece, será, aunque no siempre, por méritos propios. No obstante, sea de una manera u otra, para que alguien se enriquezca, indefectiblemente alguien tiene que empobrecerse. Si una empresa crece y se posiciona en un nivel óptimo, se habrá llevado por delante a otras pequeñas empresas y autónomos que no pueden competir con ella. Si un individuo posee una gran fortuna, será a costa de otros sujetos que no poseen el suficiente capital para vivir dignamente. No debemos engañarnos: una cosa lleva a la otra. En la mayoría de las ocasiones, los pobres serán cada vez más pobres y los ricos cada vez más ricos. Llegamos, de este modo, a la siguiente conclusión: si un proveedor de trabajo se enriquece desmedidamente, será como consecuencia de que sus trabajadores no reciben el salario justo que se merecen. Por eso, hablamos, en muchas ocasiones, de la redistribución de la riqueza. Ésta está, en su mayor parte, en manos de unos pocos. Mientras, el resto, que son la mayoría, disponen de muy poca. Algo falla aquí, ¿verdad...? Sí, lo que fracasa es la igualdad o, mejor dicho, la falta de ella.

Este sistema piramidal se sostiene porque los niveles más cercanos a la base son extensos. Mientras, conforme ascendemos hacia la cúspide, los estratos son cada vez más cortos y reducidos, pero con unas vistas privilegiadas. Es evidente que la sostenibilidad de la pirámide la conseguimos con una vasta base, sin la cual colapsaría inevitablemente. Los niveles inferiores, las clases bajas, mantienen la sociedad actual. Los niveles superiores, las clases altas, sólo deben preocuparse de mantener su privilegiada posición. Por eso, los predilectos de arriba no quieren oír ni hablar de la redistribución de la riqueza. Viven muy cómodamente en su posición y se asustan con la sola idea de perder su estatus. Además, casi siempre, si un bloque del nivel bajo consigue ascender algún peldaño, no recordará su posición anterior. Asimilará que está ascendiendo gracias a sus méritos, y se sentirá superior a los de los niveles inferiores. ¡Qué contrariedad! Así es el ser humano, suele tener la memoria muy corta...

Los que están en posiciones altas no quieren perder sus privilegios, ya que se verían abocados a una pérdida de influencia y a una minoración en su poder de decisión sobre los demás. Este temor les causa un profundo trauma, porque los Señores y Señoras necesitan de servidores y servidoras. Si la riqueza fuera igual o similar para todos, ¿quién les serviría? Nadie querría hacer determinados trabajos y, por tanto, deberían hacerlos ellos mismos, lo que les causaría un gran perjuicio en su calidad de vida. Perderían su poder sobre el resto, y para ellos sería el caos. Si todos fuéramos iguales, ¿qué nos diferenciaría? Ahí, tenemos otra importante clave que sostiene nuestra civilización actual: la diferencia. La mayoría, los muchos, perseguimos la igualdad máxima. La minoría, los pocos, quieren perpetuarse en la diferencia. Eso dota a estos últimos de unos privilegios sobre el resto. En suma, les provee de poder sobre el resto.

Para comprender este sencillo discurso, quizás haya que poner también un ejemplo muy simple. Veamos: si un rico vive en una gran mansión, necesita disponer de pobres que realicen las tareas básicas de servidumbre: aprovisionamiento, limpieza, mantenimiento, jardinería, etc. Si todos fuéramos ricos y viviéramos en una gran mansión, ¿qué pobres realizarían estas tareas? Nadie, ya que nadie estaría dispuesto a trabajar en la mansión de otro, y sí necesitaría de otros que

XLV

trabajaran en la suya. Llegados a este punto, ¿cómo iban los afortunados a mantener su nivel de vida, su estatus, sus privilegios...? Pues, aunque no lo parezca, se me ocurre no una, sino dos opciones. La primera sería disponer de robots y máquinas inteligentes que realizaran esas tareas. Sin embargo, la construcción y mantenimiento de esos autómatas lo tendrían que seguir haciendo los pobres. Entonces..., esta propuesta no nos sirve. ¿Cuál sería, en consecuencia, la mejor solución a esta disyuntiva? Pues..., algo tan sencillo como que cada cual realizara las tareas necesarias en su mansión. No será la primera vez que oímos, que el trabajo dignifica... Pues venga, ¡a dignificarnos todos! No hay nada más saludable para la mente y el cuerpo, que tener ocupado el día haciendo diferentes tareas. Asimismo, esto nos proporcionaría conocimientos sobre diferentes asuntos y, así, cuando se desmorone nuestra civilización, estaríamos más preparados para sobrevivir. A ver..., ¡que estamos acostumbrados a que nos hagan todo y luego no sabemos hacer nada!

כסף לא צומח

על עצים

Religiones y marketing

Según la teoría darwiniana, las religiones se originan con el hombre mismo, siendo el resultado del proceso evolutivo de la propia especie humana. Los ritos y mitos, después las religiones, surgen de la necesidad del ser humano de responder a sus inquietudes. Donde el raciocinio no llega a responder las preguntas que le atormentan ni a explicar el propósito o sentido de la vida misma, aparecen las creencias y religiones. Así, el hombre comienza a crear seres divinos que le reconfortan y le aportan seguridad, aunque a veces no tanto... Estos seres, superiores a los mortales, creados por la mente y el alma humana, son una fiel copia del propio ser humano. De esta manera, se comportan y tienen las mismas virtudes y defectos que los humanos. A veces protectores, a veces caprichosos, muchas veces orgullosos y casi siempre vengativos. Sí, así son los seres divinos, a los que se les debe perdonar todo y no reprochar nada. Los mortales debemos venerarlos porque son perfectos, sin mácula. Y, a pesar de todo, aunque a veces no comprendamos sus designios, debemos aceptarlos ciegamente. En consecuencia, debemos tener fe en ellos y en sus acciones. Siempre actúan bien, y no podemos hacer más que una cosa: admitirlos tal como son.

Desde las creencias más antiguas hasta las más modernas, la mayoría han creado, con el paso de los tiempos, un enrevesado entramado mitológico cada vez más complejo. No debemos obviar que las religiones, en sus inicios, buscaban respuestas a los sucesos naturales y a aquellas cuestiones que no tenían una explicación racional. Con el devenir de los tiempos, las religiones pasaron a ser el refugio de peticiones de vida mejor, de sanación de enfermedades y del encuentro de una vida plena en el más allá.

En el Antiguo Egipto, la religión estaba constituida por un complejo sistema de creencias, integrado a la perfección en la vida de la antigua sociedad egipcia. Creían en una multitud de deidades, las cuales controlaban las fuerzas y los elementos de la naturaleza. En la Antigua Mesopotamia, el culto era politeísta y los dioses tenían apariencia antropomórfica, comportándose de forma similar a los humanos: comían, se peleaban, se casaban, tenían descendencia... En la Antigua Grecia, la religión también era politeísta y antropomórfica, ya que creían en diferentes dioses con forma humana. Dichos seres divinos no conocían ni la enfermedad ni la vejez, y eran omnipotentes e inmortales. En la Antigua Roma, sus ciudadanos también adoraban a un sinfín de dioses, la mayoría copia de las deidades griegas, aunque también asimilaron otros cultos como los del Antiguo Egipto. Al igual que los faraones egipcios, los emperadores eran considerados dioses vivientes, practicándose, en todo el territorio de Roma, el culto imperial. En Persia, por el contrario, tenían una deidad principal que dominaba el panteón y que concentraba los atributos de otros dioses menores.

Observamos, claramente, que, en los inicios de las religiones, en los primeros milenios de la sociedades neolíticas y del bronce, el culto era politeísta. A esta regla, debemos añadir una excepción en época faraónica, cuando Amenofis IV, padre de Tutankamon, decidió instaurar un culto monoteísta cuya única deidad era Atón, el dios solar. Este experimento fracasó, ya que había demasiados intereses en contra para que este culto a un único dios prosperara. Además, después de milenios de culto politeísta, era misión imposible modificar esas creencias tan arraigadas en la antigua sociedad egipcia. De todos modos, increíblemente, a pesar de ser concienzudamente borrada de la historia, el poso de esta revolución religiosa en el Antiguo Egipto, todavía ha llegado a nuestros días.

Como íbamos diciendo, tras los primeros milenios de historia dominados por cultos politeístas, a principios del año cero, comienzan a hacer furor las religiones monoteístas, basadas en la creencia de un único dios. El cristianismo y, en siglos posteriores, el islamismo, ambos herederos del judaísmo, comienzan una rápida propagación por diferentes zonas y territorios del planeta. En menor orden de seguidores, encontraríamos otras religiones que adoran también a una única deidad: sijismo, bahaísmo y zoroastrismo. A pesar del triunfo de las creencias monoteístas, todavía se mantienen

XLIX

activas, en la actualidad, religiones politeístas como el hinduismo –originario de la India–. Caso aparte, encontramos el budismo, no considerado como una religión en sí, sino más bien una doctrina espiritual y filosófica asimilable al culto a Buda. Este último sería contemplado como un concepto en lugar de como un dios.

Tras desgranar someramente los tipos de cultos que han existido y coexistido a lo largo y ancho de la geografía planetaria, deberíamos preguntarnos qué factores determinan el éxito o el fracaso de una religión. Es evidente que tendremos que considerar exitosas a aquéllas que cuentan con un mayor número de seguidores. Ahí, es donde entra el marketing, la publicidad y los buenos eslóganes. Ese conjunto de estrategias atraerán primero a los fieles y los atraparán después. Una religión sin éstos no tiene sentido. Cuántos más seguidores y cuántos más fieles tenga una religión, con más facilidad se propagará. Obviamente, lo esencial es contar con un buen mensaje, una idea clara, una misiva que cale hondo en la sociedad. Y cualquier religión que se precie, tiene que prometer algo. Y me estoy refiriendo a asuntos que la mayor parte de la gente considera importantes. Y, claro, lo ideal es garantizar cosas difíciles de conseguir por los cauces reglamentarios, cosas que sólo podremos obtener gracias a la intervención de un ente todopoderoso. Si nos centramos en las religiones monoteístas, esta deidad suprema nos proveerá de lo preciso cuando lo necesitemos. Eso sí, todo a cambio de nuestra fe ciega, de una adoración constante y de no dudar de sus propósitos. Y si el todopoderoso no resuelve nuestros problemas diarios, siempre nos quedará la oportunidad de una segunda vida donde gozaremos de lo que en la actual se nos ha privado. Siempre hay esperanza y todo tiene solución. En consecuencia, podríamos aseverar que este tipo de religiones poseen una buena comunicación y marketing. Tener una buena idea o proposición es fundamental, pero todavía más importante es saber comunicarla y convencer a la mayoría de las bondades que se pueden alcanzar.

Casi todas las religiones que han triunfado, triunfan y triunfarán, ha sido, es y será, porque han prometido, prometen y prometerán una segunda vida. El eslogan principal es ofrecer la vida eterna porque de lo contrario, qué sentido tendría ser creyente de esa religión. A diario, la gente común subsiste y sobrevive como puede. Es una vida mundana, que a la mayoría provoca sinsabores y quebraderos de cabeza. ¡Qué mejor que prometerles otra vida! Una vida en el más allá donde todo sea idílico y maravilloso. Y si, además, tienen la posibilidad de reencontrarse con sus seres queridos, pues, esto ya es el culmen de la felicidad prometida. Por consiguiente, encontrar una creencia o religión exitosa que no prometa la vida eterna es muy difícil. Sufrir en esta vida no tendría sentido si no se nos prometiera una segunda oportunidad, donde, además, pudiéramos vivir felices y sin preocupaciones. Aunque, personalmente, esa prometida vida eterna se me antoja, cuando menos, demasiado aburrida.

¿Y cuál será el precio a pagar por esa idílica vida más allá de la muerte? Pues, la mayor parte de las religiones nos proponen sufrir, aguantar lo que nos venga, adorar al dios de turno y cumplir unas reglas de comportamiento. Estos compromisos nos acercarán a la consecución del premio máximo: alcanzar la inmortalidad. No sería razonable solicitar esas obligaciones a los creyentes sin ofrecerles algo importante a cambio. ¿Y qué puede ser más importante que brindarles una nueva vida? Una vida dichosa exenta de inquietudes, un verdadero paraíso. Esta oferta será muy difícil de rechazar por una amplia base de personas que, generalmente, llevan una vida terrenal colmada de sinsabores y desvelos. Esto nos conduce a otra premisa básica: las religiones siempre triunfan con más facilidad en el ámbito de las clases más desfavorecidas. Indudablemente, las clases privilegiadas ya viven en la Tierra su particular paraíso, y rara vez se sentirán atraídas por recompensas de una vida mejor.

Otro factor no desdeñable, dentro de la parafernalia religiosa, es infundir temor. Aquél o aquélla que no siga los preceptos dictados y no cumpla con las reglas dadas, no solamente no alcanzará el edén, sino que será castigado o castigada con el destierro al averno donde vivirá una segunda vida, pero de existencia infernal. El miedo a las consecuencias de no llevar una vida terrenal digna, también forma parte del marketing usado por las religiones. Y otro elemento principal, necesario para comunicar todas las instrucciones y normas, serían las legiones de predicadores. Todo culto precisa expandirse, y la mejor manera de hacerlo es contando con líderes religiosos capaces de convencer, atraer y atrapar. Pastores, curas, sacerdotes, catequistas y evangelistas tienen la misión de mantener la creencia, creando círculos de acólitos y súbditos.

Una buena campaña de marketing y publicidad debe ofertar asuntos inalcanzables para un simple mortal, debe ofrecer cosas que el ser humano no pueda alcanzar por sí mismo, y todo ello requiere una estructura que haga creíble sus promesas. Para eso, se precisan equipos humanos competentes y también, como no, bienes materiales ostentosos, que ayuden a relacionar una determinada creencia con un gran poder en la Tierra. Por esta razón, los cultos religiosos demandan la construcción de imponentes edificios, cuánto más grandes mejor, siendo estos lugares la morada de la deidad en la Tierra. Y una buena religión que se precie, también debe promocionar lugares sagrados donde peregrinar y renovar la fe.

Para terminar, me gustaría citar a un filósofo: "*La miseria religiosa es a la vez la expresión de la miseria real y la protesta contra la miseria real. La religión es el suspiro de la criatura oprimida, el sentimiento de un mundo sin corazón, así como el espíritu de una situación sin alma. Es el opio del pueblo. Se necesita la abolición de la religión entendida como felicidad ilusoria del pueblo para que pueda darse su felicidad real. La exigencia de renunciar a las ilusiones sobre su condición es la exigencia de renunciar a una condición que necesita de ilusiones..."* Por cierto, aunque esto lo escribió Karl Marx, la comparación de la religión con el opio no es una idea original de este autor, ya que anteriormente aparece en escritos de otros filósofos como Immanuel Kant, Herder, Bauer...

धर्म और मार्केटिंग

Lavarse bien las manos después de ir al baño

Siempre nos lo han dicho y repetido mil veces cuando éramos niños. Nuestros padres no han dejado de insistir en este asunto, y es una de las costumbres que han intentado consolidar desde nuestra más tierna infancia. Y, por supuesto, no es un hábito baladí. La higiene es fundamental en la prevención de enfermedades infecto-contagiosas. A lo largo de nuestra historia, numerosas epidemias han diezmado la especie humana. Algunas se han llevado por delante a gran parte de la población, poniendo en serio peligro la continuidad de nuestra existencia.

Comencemos con la extinción de una especie o subespecie humana: los neandertales. Existen muchas teorías y, posiblemente, la conjunción de varias determinaría con más claridad su desaparición. Una de estas hipótesis apunta a la extinción neandertal provocada por parásitos y patógenos, introducidos por el humano de *Cro-Magnon*. Si dos especies son similares y tienen relaciones de convivencia, al ser infectadas por un patógeno, éste puede provocar la extinción de una de ellas, la más vulnerable. El patógeno necesita de un huésped para poder diseminarse y, al poder elegir entre dos especies diferentes, opta por ser más incisivo y exterminar a una de ellas, ya que todavía cuenta con la otra para perpetuarse.

La peste negra o peste bubónica fue una pandemia que asoló Europa durante el siglo XIV. Era transmitida por las pulgas transportadas por los roedores, principalmente las ratas. Fue una de las enfermedades epidemiológicas más devastadoras de la historia de la humanidad, acabando en su apogeo con más de un tercio de la población europea. La peste negra, denominada así por la aparición de manchas oscuras en la piel, se originó en Asia y se mantuvo con diferentes apariciones por un periodo de 400 años. Comenzó con contagios de animal a humano, para derivar en contagios entre humanos en su forma neumónica. Cabe recordar que, antes de la Edad Media, la peste ya había provocado importantes mortandades en época griega y romana.

Una leyenda negra, totalmente infundada, acompaña la

conquista española de América. Sin embargo, está más que probado que los españoles no masacraron a la población india, sino que fueron las enfermedades portadas por aquéllos las que hicieron el trabajo. Los habitantes del continente americano habían permanecido aislados del resto del mundo y pagaron un alto precio ante el choque biológico. Las enfermedades traídas por los europeos, que habían evolucionado durante milenios, entraron en contacto con el Nuevo Mundo, provocando infinidad de muertos a causa de la fragilidad inmunológica de sus pobladores. Diferentes estudios calculan que epidemias como la viruela, el sarampión, el tifus, la gripe o la peste causaron el exterminio del 95 % del pueblo americano autóctono. También golpearon con fuerza la difteria, la sífilis y las paperas; incluso un simple resfriado podía causar mortandad en parte de la población indígena. Por contra, los conquistadores enfermaron de paludismo, fiebre amarilla...., pero, al no ser enfermedades contagiosas, no las importaron al Viejo Mundo.

La pestilencia en el agua o cólera fue una enfermedad procedente de Asia que causó importantes epidemias en el siglo XIX. Transmitida por una bacteria que contaminaba el agua, provocó decenas de miles de muertos en ciudades como Londres. En España, en sucesivas oleadas, el cólera ocasionó cerca de 300.000 muertos, siendo tal la virulencia de la epidemia, que se crearon cuadrillas para recoger los cadáveres nada más morir y enterrarlos en fosas comunes. En el siglo XX, la enfermedad ha quedado focalizada con diferentes brotes en el continente asiático y en África.

La lepra se describe en tratados indios y chinos de los siglos IV y V antes de Cristo. Aun no siendo excesivamente contagiosa, se transmite por el aire mediante gotículas nasales y orales cuando hay un contacto estrecho con enfermos no tratados. Su mortandad es casi nula, pero provoca lesiones progresivas y permanentes en piel, nervios, extremidades y ojos. Ya en el siglo IV después de Cristo, se crearon hospitales para leprosos en Capadocia. Lo cierto es que, en aquella época, se les "enterraba" en vida, relegados de la comunidad y condenados a avisar de su presencia mediante una campanilla. Su única compañía era la de otros enfermos, y su única ayuda la de religiosos que sólo podían ofrecerles consuelo espiritual. En la actualidad, se detectan no más de una decena de casos al año y se considera una enfermedad en proceso de erradicación.

Se estima que la viruela ha provocado más de 300 millones de muertes y que el sarampión se ha cobrado alrededor de 200 millones de vidas. Sin embargo, estos cálculos se refieren a su incidencia a lo largo de toda la historia. En cambio, la gripe española fue una de las pandemias más graves y virulentas que se conocen. Su nombre, a pesar de lo que parecería lógico, no proviene de la detección de los primeros casos en España, sino de que fue este país el primero en informar a la población de su existencia y consecuencias. Los estragos de esta enfermedad moderna se extendieron rápidamente, estableciéndose una estrecha relación con la contienda de la Primera Guerra Mundial. Así, finalizada la guerra, en poco más de 2 años –entre 1918 y 1920–, se cuantifica el número de fallecidos entre 50 y 100 millones de personas en todo el planeta.

El virus del VIH, conocido como sida, se convirtió en la quinta pandemia mundial, matando a más de 25 millones de seres humanos a pesar de su complicada transmisión, solamente mediante contacto directo con mucosas y sangre. El virus que provoca esta enfermedad no es el causante directo de la alta mortandad. Básicamente, a los contagiados les ocasiona una incapacidad inmunitaria para defenderse de enfermedades comunes y corrientes. Por consiguiente, la más mínima infección puede causar la muerte. Aunque no existe una cura definitiva ni conocida, los tratamientos contra el VIH han conseguido frenar su expansión y sobre todo su alta letalidad, consiguiendo mejorar la calidad de vida de los infectados.

La gripe de Hong Kong, una variante de la gripe A,

mató a un millón de personas en muy poco tiempo, y esto ocurrió en la década de los 60 del pasado siglo. Razón ésta para que salten las alarmas mundiales cada vez que se habla de gripe o de gripe aviar. Y si nombramos el virus del Ébola, todavía sentimos más inquietud, quizás por su virulencia y por su facilidad de transmisión. Sin embargo, sus brotes cíclicos son esporádicos y, a lo largo del registro histórico, solamente se han contabilizado unas decenas de miles de fallecidos. No deberíamos olvidarnos de potenciales amenazas epidemiológicas a gran escala como la meningitis C. Esta enfermedad amenaza principalmente a más de 26 países africanos y 34 millones de personas, y tiene un 10 % de incidencia mortal en los afectados.

En los últimos años, nuevas enfermedades provocadas por virus han aparecido en escena. En China se originó el denominado SARS, el síndrome agudo respiratorio severo, infectando a varios miles de personas y provocando un 9,2 % de mortalidad en los pacientes afectados. También en China, un nuevo brote infeccioso-respiratorio denominado coronavirus (COVID-19), muy similar al SARS, puso en jaque a las autoridades chinas durante los inicios del 2020. Con más de tres mil muertos iniciales reconocidos en este país, esta epidemia se convirtió en pandemia, haciendo saltar las alarmas de la OMS. Desde China saltó a todos los continentes del planeta. La propagación del virus supuso una incidencia exponencial a escala mundial. El control de la pandemia provocó una crisis sanitaria sin precedentes. La búsqueda de una vacuna puso en jaque a toda la comunidad científica y movilizó recursos humanos y económicos nunca vistos. El final de esta pandemia dejó tras de sí un panorama desolador: más de 7 millones de muertos –según un informe de la OMS–. No obstante, otras organizaciones como la ONU reportan una cifra bastante superior, elevándola hasta los 20 millones de vidas humanas truncadas por este virus tan devastador.

En épocas pasadas de la historia humana, las epidemias

quedaban casi siempre focalizadas en los territorios en los que se originaban. En la actualidad, en el mundo globalizado que vivimos, donde los transportes y las comunicaciones de mercancías y viajeros están tan extendidos, la propagación de una enfermedad a nivel global es cuestión de semanas o de días. Y así lo ha confirmado el coronavirus, provocando una desoladora pandemia para la que no estábamos preparados. A pesar de que la memoria humana es flexible e imperfecta, deberíamos no olvidar nunca los estragos ocasionados por el COVID-19. En cualquier momento, otro virus desconocido puede desafiar la continuidad de la especie humana en la Tierra.

Por eso, cada vez toma más importancia la frase: lavarse bien las manos después de ir al baño. La higiene en todos los sentidos es fundamental para prevenir la propagación de enfermedades contagiosas. Nosotros mismos, tanto por el contacto directo como por vía aérea, somos los transmisores de la mayoría de enfermedades infecciosas. La observación y la experiencia me lleva a la siguiente conclusión: más de la mitad de las personas no se lavan las manos en los baños públicos. Y por correspondencia, me hace suponer que esta cifra será mucho más elevada cuando se use el baño privado. Por consiguiente, los humanos deberíamos ser más cuidadosos a la hora de saludar a alguien dándole la mano. Ahí lo dejo…

バスルーム使用後は手をよく洗ってください

La fuente de la eterna juventud

No es nuevo, el ser humano lleva casi toda su existencia buscando la manera de frenar el envejecimiento y estudiando la forma de alargar la vida. Aunque, en el fondo, el anhelo final del hombre y de la mujer es la inmortalidad, la búsqueda de la perpetuación, no a través de la reproducción como hasta ahora, sino vivir para siempre con un cuerpo y una mente.

¿A quién no le suena la famosa piedra filosofal? Sí, aquella piedra que se buscaba en la Edad Media, aquella piedra de la sabiduría, aquélla que entre sus poderes fantásticos estaba el convertir cualquier metal en plata y oro. Además, con ella se podía crear el elixir de la vida, sanando las enfermedades del que la bebiera y devolviéndole la juventud. ¡Qué maravilla! La alquimia fue practicada en Mesopotamia, el Antiguo Egipto, Persia, la India y China, la Antigua Grecia y el Imperio Romano, en el Imperio Islámico y después en Europa hasta el siglo XVIII. La alquimia era una protociencia y una disciplina filosófica, que combinaba elementos de la química, la metalurgia, la física, la medicina, la astrología, etc. Esta corriente buscaba torcer los principios científicos para conseguir, entre otras cosas, la inmortalidad del ser humano. Y una manera de alcanzarla, era hallar o crear la célebre piedra filosofal.

¿Y quién no ha oído hablar de la fuente de la eterna juventud? Esta leyenda, muy extendida en época medieval, aseguraba que el afortunado que encontrara esta fuente y se bañara o bebiera de sus aguas, curaría sus enfermedades y volvería a ser joven. El agraciado, además, conseguiría la inmortalidad. ¡Qué más se puede pedir! Tal popularidad alcanzó este mito, que pasó a formar parte del subconsciente humano, arraigándose de tal manera en nuestra mente que, incluso en la actualidad, sigue inmerso en nuestras creencias más ancestrales.

Cualquiera que haya viajado por nuestro largo y ancho mundo, se habrá visto tentado de beber de las aguas de infinidad de fuentes, espoleado por la portentosa fantasía interesada de lugareños y, cómo no, por la imaginación lúdica de los inquietos guías turísticos. Hablando de estos últimos, me viene a la cabeza un viaje que hicimos mi hijo y yo por la Grecia peninsular. Recuerdo perfectamente que, tras visitar el santuario sagrado de Delfos, mientras esperábamos el autobús para marcharnos del sitio arqueológico, nuestra querida guía local solicitó nuestra atención. Señaló solemnemente hacia un hueco de la roca donde brotaba un caudaloso caño de agua. Nos explicó que aquel chorro que manaba de la montaña era la fuente de Castalia, y que era anterior a la construcción del santuario de Delfos. Insistió en que bebiéramos, asegurándonos que nos volvería eternamente jóvenes. Mi hijo, que por aquel entonces tenía 10 años, se amorró a la fuente y no paró de sorber agua hasta que vino el autobús. Por si no fuera poco, antes de marchar, vació el líquido de una botella de refresco que llevaba y la llenó con aquel mágico líquido transparente; en el trayecto hacia el hotel, no paró de beber de la botella. Yo no dije nada, no iba a ser su padre quien le quitara la ilusión creada. Tiempo después, investigando sobre los beneficios del agua de aquella fuente, en ningún sitio encontré su poder rejuvenecedor. A la sagrada fuente de Castalia solamente se le reconocía poder purificador. Los peregrinos, desde tiempos inmemoriales, se lavaban y bebían de ella antes de ascender al santuario de los dioses. ¡Nada más!

Por citar otros ejemplos, debo admitir que en Alpartir, mi pueblo de nacimiento, hay varios manantiales que prometen fantásticos beneficios a quien pruebe sus aguas. Mencionaré, quizás, el más sobresaliente. Se trata de una fuente que mana de una galería excavada en la montaña por los antiguos monjes franciscanos. Situada en lo que queda de su vetusto convento de San Cristóbal, promete sanar enfermedades y restituir la juventud. Yo la he visitado numerosas veces y he bebido de sus aguas de regusto mineral. Hasta la fecha, no he notado ningún síntoma ni ninguna peculiaridad que me haga sentir el retorno a mi pasada juventud; tengo más de 50 años y, por desgracia, presento el aspecto de una persona de medio siglo de edad.

Existen variadas leyendas que aluden a fuentes mágicas, la mayoría originadas en la Antigüedad, en época helenística. Posteriormente, se extenderían por Oriente y Europa en el Medioevo para luego trasladarse al nuevo continente descubierto. América fue el culmen de legendarias historias, escuchadas por primera vez por los conquistadores de boca de los indígenas americanos. Así, cuentan que el explorador español Juan Ponce de León oyó hablar sobre la fuente de la eterna juventud a los nativos de Puerto Rico cuando conquistó la isla. Creyendo aquellas historias, emprendió una expedición en 1513 que concluiría con el descubrimiento del actual estado de Florida. En busca de la legendaria fuente, el explorador y sus hombres examinaron sin éxito cada río, arroyo, laguna o estanque de la costa de Florida. A pesar de su búsqueda infructuosa, en la actualidad, en la ciudad de San Agustín, donde se cree que arribó a Florida por vez primera Juan Ponce de León, encontramos la *Fountain of Youth National Archaeological Park*. La fuente allí ubicada no es, obviamente, la de la leyenda, pero los turistas beben ávidamente de sus aguas.

Hoy en día, el ser humano sigue buscando lo mismo: la sanación de enfermedades y la eterna juventud... En definitiva, la inmortalidad. Huelga decir que, con el paso de los siglos y la evolución intelectual y tecnológica de nuestra especie, hemos transitado de la alquimia y la pseudociencia al rigor científico. Con el avance de la ciencia en general y de la medicina en particular, hemos logrado actualmente llegar a esperanzas de vida media por encima de los 80 años de edad. A modo de comparación, baste decir que en época romana sus habitantes tenían una longevidad media que no sobrepasaba los 30 años. Si avanzamos unos siglos hasta la Edad Media, nos daremos cuenta que la expectativa seguía manteniéndose en 30 años. Deberemos adelantar 100 lustros, hasta el siglo XIX, para notar un cierto progreso, estimándose la esperanza de vida en unos 40 años. Y a principios del siglo pasado, todavía rondábamos los 55 años de edad. En aproximadamente 2 milenios, hemos conseguido que la raza humana casi triplique su expectativa de vida. No obstante, si nos atenemos a las estadísticas históricas, comprobaremos que el gran salto en la esperanza de vida del ser humano se produce a partir del siglo XX.

No sólo los avances tecnológicos y médicos alargan nuestra existencia, sino que también depende de las condiciones de vida presentes en la zona geográfica del globo donde habitemos. Incluso en el mismo territorio de influencia, puede haber zonas más alejadas o habitantes más desfavorecidos, que no tienen el mismo acceso a los servicios de salud que distritos donde viven ciudadanos más privilegiados. Este factor redundará en una mayor o menor esperanza vital. Asimismo, aunque la longevidad media de la humanidad sobrepasa tímidamente los 70 años, existen países donde la media supera claramente los 80. En este grupo de privilegiados se encuentran Canadá, Estados Unidos, Australia y Europa Occidental. Por contra, el continente africano, sobre todo su zona central y meridional, registra esperanzas medias de vida que se encuentran en rangos entre los 40 y 50 años de edad. A mitad de camino, rondando los 60 ó 65 años, aparecen la India, algunos países del extremo oriental asiático y alguno de Sudamérica. Vemos, pues, que, a pesar de vivir en el mismo planeta, la lejanía de la muerte va por barrios.

En la actualidad, el objetivo de los científicos es prolongar la vida y, sobre todo, aumentar la calidad de los años vividos. Se habla mucho de que, en poco tiempo, el ser humano podría estar a las puertas de alcanzar longevidades superiores a los 100 años. Hoy en día, ya hay personas que han conseguido alcanzar y sobrepasar la centuria de edad, aunque, por supuesto, son excepcionales rarezas. De todos modos, el objetivo de investigadores y científicos es alargar la vida, pero con buena calidad en los últimos años. No tendría sentido que los seres humanos llegáramos al siglo de edad, cuando los últimos 20 años estuvieran marcados por la enfermedad y la dependencia. Las investigaciones que se están realizando son esperanzadoras, ya que se comienzan a comprender los procesos biológicos que están detrás del envejecimiento. Si todo sigue su curso, los avances nos ayudarán en los próximos años a frenar el proceso y a envejecer más saludablemente. Representantes de diferentes comités científicos cifran la esperanza de vida máxima en 110 años. Matizan que, con los paradigmas actuales, el límite estaría ahí, asegurando que dentro de medio siglo será habitual sobrepasar los 100 años.

Los estudios para mitigar el envejecimiento se centran básicamente en frenar la senescencia celular, que es, ni más ni menos, que el envejecimiento de nuestras células. Éstas, con el paso del tiempo, dejan de dividirse; la capacidad de división continua de las células es limitada, por lo que dejan de reproducirse. Estas células senescentes dejan de cumplir su función. No están muertas, simplemente han dejado de dividirse y, además, segregan factores proinflamatorios que fomentan un estado de inflamación crónica, contribuyendo al envejecimiento. Eliminarlas de forma específica contribuye a rejuvenecer y mejorar el estado de salud. Casi todas las líneas de investigación avanzan en ese sentido, intentando crear fármacos antienvejecimiento. Igualmente, el estudio de los cromosomas y de la genética de las personas centenarias abre nuevas posibilidades de progreso. Y, cómo no, para alcanzar la máxima longevidad es primordial complementar lo anterior con una buena dieta, ejercicio físico y mental y, sobre todo, estrés cero...

Tal como percibimos a diario, los progresos científicos y tecnológicos no se detienen. Sin embargo, mientras nos preocupamos por alargar la vida del ser humano, dejamos de lado otras cuestiones asociadas que son mucho más importantes. El crecimiento demográfico mundial resulta imparable. Si en el año 2020 poblábamos la Tierra más de 7.500 millones de personas, se calcula que para el año 2050 seremos casi 9.000, y para el 2100 hay previsiones de superar los 11.000 millones de habitantes. La estabilización de la población sería un paso fundamental para detener la destrucción de los recursos naturales y garantizar la satisfacción de las necesidades básicas de todos los seres humanos. Una sociedad sostenible es una sociedad estable demográficamente, pero la población actual está lejos de ese punto. Si algunos expertos aseguran que estamos consumiendo los recursos naturales y ambientales de 2 Tierras, cómo podremos seguir aumentando la población sin provocar un colapso a nivel alimentario, energético y de materias primas. Por consiguiente, la superpoblación es un problema de primer nivel que no podemos dejar de lado. Es una amenaza para la habitabilidad de la Tierra. Los recursos de nuestro planeta no dan para más, y lo sabemos. Sin embargo, no estamos tomando las medidas necesarias para revertir el proceso de destrucción.

Por último, me gustaría hacer una reflexión filosófica: ¿está el ser humano preparado para vivir tantos años? A nivel familiar, por ejemplo, una persona que viviera más de 100 años conocería y conviviría con sus hijos, nietos, bisnietos e incluso con sus tataranietos... Todas las especies que habitan nuestro planeta, tanto vegetales como animales, buscan la supervivencia mediante la reproducción. Por tanto, buscar y conseguir esa permanencia en el tiempo, a través de la inmortalidad, sería algo antinatural. Imaginemos, por un momento, que fuera posible, y que el ser humano pudiera ser eterno e inmortal. ¿Qué sentido tendría, entonces, tener hijos? Y si siguiéramos reproduciéndonos, ¿dónde viviríamos? Nos veríamos obligados a colonizar otros planetas para continuar nuestra existencia, puesto que la Tierra se nos quedaría pequeña. Asimismo, y bajo mi punto de vista, nuestra realidad se tornaría demasiado aburrida. ¿Y qué hay peor que el aburrimiento...? La vida y la muerte están estrechamente relacionadas. La vida carecería de sentido sin la muerte. En consecuencia, la búsqueda de la inmortalidad se me antoja muy perjudicial para la supervivencia de la raza humana.

LXV

Afortunadamente, a fecha de hoy, la ensoñación de la inmortalidad sigue siendo una utopía.

ប្រភពទឹកនៃ
វ័យអស់កល្ប

ਮਨੁੱਖੀ ਅਲੋਪ ਹੋਣਾ ਸ਼ੁਰੂ ਹੋ
ਗਿਆਹੈ

Misterios y enigmas del Antiguo Egipto

El Antiguo Egipto pervivió en el tiempo 3 milenios. Ha sido, con diferencia, la civilización más longeva y duradera. Su influencia en otras civilizaciones contemporáneas fue crucial, y su influjo llega hasta nuestros días. El halo de misterio que transmite esta antigua civilización perturba casi por igual a entendidos y a ignorantes. No sabría explicar con exactitud, qué razones nos atraen y nos hacen admirar con tanto fervor el Antiguo Egipto. Probablemente, sea su legado y, en concreto, su herencia arquitectónica, escultórica y pictórica. Sus logros han llegado hasta nuestros días bastante bien conservados, a pesar del tiempo transcurrido. ¡Es admirable! La antigua civilización egipcia nos fascina.

Infinidad de estudios e investigaciones sobre el Antiguo Egipto se han realizado a lo largo de la historia. Desde que Heródoto recorrió Egipto admirando sus obras monumentales, numerosos aventureros, exploradores y arqueólogos han visitado el país del Nilo en busca de tesoros. En la actualidad, multitud de expediciones arqueológicas siguen descubriendo y redescubriendo restos de esta fascinante época. Cada temporada aparecen nuevos vestigios de la antigua cultura egipcia. Si bien sus principales monumentos han salido a la luz, todavía quedan muchos otros enterrados en las arenas del desierto, esperando, pacientemente, ser hallados por los hombres y mujeres que integran las abundantes misiones que trabajan en el país de Ra.

Un periodo tan extenso, 3.000 años, da para unos cuantos compendios enciclopédicos, por lo que en este artículo nos centraremos en las primeras dinastías faraónicas, las pertenecientes al denominado Reino Antiguo. No fue sino en esa época, donde la monumentalidad de sus obras ha sorprendido más a visitantes y curiosos. En las primeras dinastías, en los primeros cinco siglos de la antigua civilización egipcia, es cuando se construyeron los edificios más monumentales. Nos referimos, por supuesto, a las increíbles pirámides. Si bien hay catalogadas cerca de 120 pirámides a lo largo y ancho de Egipto, las principales, por su magnificencia, pertenecen a la III, IV, V y VI dinastías, que se corresponden con el Imperio Antiguo. Cabe decir, de todas formas, que las más grandes e imponentes se edificaron en la IV dinastía.

Si aceptamos las fechas dadas por la Egiptología moderna, Zoser, faraón de la III dinastía, ordena a su arquitecto Imhotep construir la primera pirámide egipcia en el año 2660 antes de Cristo en la zona de Sakkara. Concebida como una superposición de seis mastabas, con una base rectangular de 109 x 121 metros, se alzaba en el momento de su construcción hasta los 60 metros. De esta forma, los antiguos egipcios erigen su primera estructura piramidal, conocida hoy en día como la pirámide escalonada de Zoser. Incluso sin ser una pirámide perfecta, los seis escalones en forma de talud y su notable altura fueron un increíble logro para esa época. Hasta entonces, los habitantes del Nilo solamente se habían atrevido a construir mastabas de bases reducidas y de pocos metros de altura. La consecución por parte de Imhotep de este formidable edificio supuso, cuando menos, un gran salto cualitativo a nivel técnico.

Simplemente, por comparar, revisemos que hacían otras culturas neolíticas en el resto del mundo cuando los egipcios comenzaron a construir su primera pirámide. Los datos hablan por sí mismos, ya que en ninguna parte encontramos manifestaciones arquitectónicas de este calibre. En Asia, asistimos a los inicios de la cultura mesopotámica, y en Europa comienza la cultura megalítica, todavía lejos en el tiempo la construcción de Stonehenge en las islas Británicas. En el resto de África, no encontramos ninguna manifestación análoga, y en América, salvo en el actual Perú, donde comienza a desarrollarse la ciudad de Caral, tampoco encontramos nada reseñable. Esta civilización precolombina, denominada Caral-Supe, que construyó la considerada ciudad más antigua de América, sí que podría tener parangón con la civilización egipcia de la III dinastía. La antigua ciudad de Caral, enterrada hasta hace poco tiempo, está emergiendo lentamente de las arenas de la costa pacífica de Perú. Se han desenterrado diferentes edificios monumentales, entre ellos varias pirámides escalonadas de amplias bases, aunque de alturas que no superan los 30 metros. Hay que hacer notar, que las construcciones de Caral se edificaron progresivamente a lo largo de un periodo de 500 años, mientras que el faraón Zoser construyó su monumento funerario en unas pocas decenas de años.

Tras la pirámide escalonada, sucesivos faraones

continuaron con la construcción de complejos piramidales cada vez más complicados, llegando al culmen de la arquitectura egipcia con la edificación de la pirámide del faraón Keops (2º faraón de la IV dinastía) en el año 2550 a. C. Con su base cuadrada de 230 metros de lado, sus 146 metros de altura original y sus 2,3 millones de bloques de piedra, es una estructura increíble, fascinante y, a la vez, "imposible" para su época. Si realmente no la pudiéramos contemplar con nuestros ojos, dudaríamos de su existencia. En tan sólo un siglo, un pueblo neolítico de agricultores, ganaderos y pescadores consiguió pasar de construir una pirámide escalonada a edificar una pirámide perfecta, con una inclinación en sus caras lisas de 51º 59´. La gran pirámide de Keops casi duplica la base de la de Zoser y es 2,5 veces más alta. Su volumen aproximado rondaría los 2,6 millones de metros cúbicos –frente a los 0,3 millones de la escalonada– y su peso, calculado en base a la densidad media, sería de 6,5 millones de toneladas. Si a esto añadimos su perfecta orientación norte, sus lados perfectos con diferencias apenas de centímetros, y su complejidad de galerías y pasadizos interiores, podemos asegurar que estamos ante una extraordinaria obra del ser humano, lograda mediante una organización y un trabajo descomunal.

La hazaña más sensacional del pueblo egipcio de esta época es que, en los 100 años que distan entre la primera pirámide y la de Keops, construyeron varias pirámides más, cada cual más perfecta que la anterior. Así, de esta manera, los faraones posteriores a Zoser acometieron la construcción de sus respectivas tumbas reales. Las pirámides de los faraones Sejemjet, Jaba y Nebkara quedaron inacabadas, emergiendo del suelo tan sólo unos metros. Sería el faraón Huny, último de la III dinastía, el que iniciaría la construcción en Meidum de una pirámide escalonada de 90 metros de altura. Posteriormente, su hijo y primer monarca de la IV dinastía – Snefru– , transformó y terminó la pirámide de su padre, convirtiéndola en la primera de caras lisas. No teniendo bastante con esto, comenzó la construcción de dos pirámides más en la zona de Dashur. Ambas, de grandes dimensiones y complejidad, establecieron las bases que posteriormente servirían para la edificación de la gran pirámide de Keops. Así, el faraón Snefru se convertía en el mayor constructor de pirámides, levantando en unas decenas de años la pirámide acodada –188 metros de lado, 105 metros de altura y dos inclinaciones diferentes de 55° y 43°– y la pirámide roja que, con 220 metros de lado y una inclinación en sus caras de 43°, se elevó a los 104 metros de altura.

Sin contar el proyecto y ejecución de las pirámides inconclusas, los antiguos egipcios consiguieron levantar cinco grandes pirámides en poco más de un siglo. O sea, que tardaron una media de 20 años en erigir cada una. Increíble, ¿no es cierto...? En décadas posteriores, en la IV dinastía, se construirían en la meseta de Giza las fenomenales pirámides de los faraones Kefren y Micerinos, además de varias otras auxiliares de menor tamaño y entidad. La V y VI dinastías también serían prolíficas en este sentido, erigiendo numerosos complejos piramidales, aunque de menor tamaño y peor manufactura, en el área de Sakkara y Abusir. Y, tras un parón de más de dos siglos, no sería hasta la XII dinastía que sus faraones emprendieron una nueva etapa constructiva, levantando varias pirámides, pero sustituyendo su hasta entonces estructura de piedra por ladrillos de adobe. Estos complejos funerarios fueron erigidos en distintas ubicaciones: Dashur, Hawara, El-Lahun, El-Lisht y Mazghuna. Tras este nuevo auge constructivo de los faraones del Imperio Medio, ya no se edificaría ninguna pirámide real más en los dos siguientes milenios de la civilización egipcia.

Las investigaciones arqueológicas nos han ofrecido los datos y las fechas aproximadas de construcción de estos magníficos monumentos. A pesar del paso de los siglos, las pirámides siguen ahí como testigos de la capacidad y esfuerzo de la increíble civilización egipcia. Sin embargo, la fascinación por estas inauditas edificaciones no impide que surjan numerosos interrogantes acerca de su construcción. Es francamente difícil de comprender como un pueblo neolítico pudo levantar la gran mole de piedra de Keops, o erigir dos enormes pirámides en un solo reinado, tal como ocurrió con el faraón Snefru. Sucedió hace más de 4.500 años, y todavía no tenemos todas las claves. Hay algo que se nos escapa...

Intentaremos descifrar los enigmas de la gran pirámide, por ser ésta la obra más compleja y monumental que realizaron los antiguos egipcios. ¡Vayamos por partes! La técnica constructiva en sí, dada su dificultad, requiere una excepcional planificación a todos los niveles. La mano de obra necesaria se me antoja incontable, ya que estaría compuesta por infinidad de cuadrillas de canteros, pulidores, transportadores, barqueros, encargados de la manutención, sanadores, aguadores, herreros, etc. Y lo más importante, la necesidad de encargados de obra competentes, capaces de entender a la perfección las órdenes de los arquitectos y diseñadores del proyecto.

La primera fase constructiva debería pasar por retirar la arena de la gran planicie hasta llegar al suelo rocoso. Éste serviría de cimientos y, previsiblemente, tuvo que ser allanado. Después, con las técnicas rudimentarias de la época, marcar la base mediante perforaciones en la roca, postes y cuerdas, acertando con la alineación norte de forma casi perfecta. Mientras, cuadrillas de obreros amontonarían bloques de piedra caliza llegados desde las canteras. Habrían sido transportados en barcas hasta los muelles construidos cerca de la planicie de Giza. Los bloques de piedra más grandes – algunos de 60 toneladas– comenzarían a formar las primeras hiladas de la pirámide. A la vez, otros equipos de trabajo irían levantando las primeras rampas alrededor de la construcción. Tras arduos trabajos en las canteras, en el transporte por el Nilo y por el desierto, y en el levantamiento y colocación de bloques, solamente quedaría instalar el revestimiento de las caras de la pirámide, efectuado con fina piedra caliza de las canteras de Tura. Tras esto, quedaría finalizada la monumental pirámide de caras lisas que, bañada por el sol egipcio, se observaría a decenas de kilómetros de distancia. De esta suerte, sobre el papel, tampoco parece tan complicado... En la práctica, con la tecnología y herramientas de aquella época, se antoja un proyecto totalmente inviable, a todas luces irrealizable. Sin embargo, lo hicieron..., y perdurará en el tiempo por casi toda la eternidad.

En relieves y jeroglíficos de tumbas y templos aparecen representaciones, donde se pueden observar las técnicas constructivas de edificios y estatuas colosales, así como el uso de trineos de madera para el transporte de bloques de piedra. Cuando menos, es extraño que hasta la fecha no se haya encontrado ningún papiro o relieve donde se represente la edificación de las pirámides. La construcción de estas monumentales obras tuvo que suponer una gran repercusión para el pueblo egipcio de la época y para las generaciones venideras. ¿Cómo pudieron olvidarse las técnicas constructivas con el paso del tiempo? Un hito tan importante, creo, debería haberse plasmado en papiros, relieves, tumbas y templos. En cambio, los procesos de construcción han quedado en el olvido, como si las arenas del desierto se los hubieran tragado.

Otro asunto intrigante es el ciclo constructivo, que no superaría los 20 años, además del inconveniente de no poder trabajar a pleno rendimiento en los meses más calurosos del año. Enlazando con esta cuestión, se muestra a todas luces inasumible el ritmo y carga de trabajo. Obviando el considerable esfuerzo de construir las rampas de ascenso, y centrándonos únicamente en los 2.300.000 bloques colocados en la gran pirámide −con un peso medio de 2 toneladas−, llegamos a la conclusión de que cada 4 minutos deberían haber colocado un bloque en su posición. Y no sólo eso, también cada 4 minutos debería haber salido un bloque de la cantera perfectamente tallado y desbastado. ¿Cuántas legiones de picapedreros se necesitaron para tan quimérica obra? ¿Qué inmensa flota de barcos precisaron para el traslado de los bloques por el Nilo? ¿Qué cantidad tan desmedida de acarreadores fueron necesarios para tirar, izar y colocar los millones de bloques de piedra? ¿Qué inmensa cantidad de herramientas y utensilios se requirieron para cortar esa ingente cantidad de piedra? ¿Cuánta madera se precisó para construir los trineos y rodillos de acarreo? No sabría responder a estos interrogantes, pero la cifra del cronometraje de tiempo no engaña: cada 4 minutos deberían tener un bloque colocado en su lugar. Si nos atenemos a un razonamiento lógico, este ínfimo periodo de tiempo parece inasumible para una cultura neolítica. Es una proeza si lo comparamos con otros hitos constructivos de la misma época como Stonehenge. En este enclave de las islas Británicas, aparecen colocados en varios círculos concéntricos unas decenas de bloques megalíticos, nada que ver con los millones colocados en la pirámide de Keops.

Otro apunte, a modo de comparación y para hacernos comprender mejor el prodigio de la construcción de la gran pirámide, sería medir los tiempos de edificación de otros monumentos emblemáticos de la historia. De este modo, la Gran Muralla China necesitó un periodo de 200 años para erigirse, y la construcción de la catedral de Notre Dame de París se alargó 180 años. Ya en tiempos modernos, el rascacielos Empire State de Nueva York fue terminado en 410 días y el Burj Khalifa de Dubai —el edificio más alto del planeta— en apenas 8 años. No debemos olvidar que estos rascacielos fueron levantados 4.600 años más tarde que la pirámide de Keops, con unos medios tecnológicos y logísticos de primer orden, y con una diferencia abismal en cuanto a técnicas y materiales constructivos, muy alejados de los rudimentarios procedimientos usados por los antiguos egipcios.

LXXIV

En las pirámides de la III y IV dinastías, la estructura exterior nos sorprende por su monumentalidad y perfección. No obstante, no debemos olvidar su complejidad interior, plagada de pasadizos, corredores, pozos, cámaras, antecámaras y sistemas antirrobo, como los denominados bloques de rastrillo. La gran pirámide también destaca sobre el resto por su originalidad interna, compuesta por 3 sorprendentes cámaras funerarias. Una de ellas subterránea, las otras dos recubiertas de granito rosa de Asuán y ubicadas en el centro de la pirámide, a diferencia de los anteriores complejos piramidales, donde las cámaras funerarias se situaban por debajo del suelo rocoso de la base piramidal. La tumba funeraria principal está coronada por varias erróneamente llamadas cámaras de descarga, desconociéndose todavía su función. Y otro elemento diferenciador, que asombra a propios y extraños, es la gran galería ascendente que antecede a la cámara real. Aún no se ha podido interpretar con claridad la función de esta enorme bóveda inclinada de 47 metros de largo por 8 de altura, construida por aproximación de hiladas de enormes bloques. Solamente este descomunal pasadizo en el centro de la pirámide, ya supone un hito constructivo sin precedentes. Y tampoco deberíamos obviar los 4 estrechos conductos –denominados de ventilación–, que parten de las dos cámaras funerarias y que ascienden por el corazón de la pirámide en ángulo aproximado de 40º hasta el exterior.

¿Y qué podemos decir de los utensilios y herramientas utilizados para el corte de la piedra? Tanto las evidencias arqueológicas, como las representaciones en numerosos relieves del trabajo realizado en las canteras por los obreros egipcios, no dejan lugar a dudas. Su tecnología era la de la época, la de una civilización antigua con escasos recursos técnicos. Sus rudimentarias herramientas estaban fabricadas de cobre, bronce y madera. Quizás, suficientes para el corte y desbastamiento de bloques de arenisca y caliza, pero sin ser los materiales más idóneos para progresar con la rapidez necesaria. Me imagino que, tras unas horas de trabajo, el filo de esos utensilios de cobre y bronce quedarían romos, dejando de ser útiles para el corte; ingentes cantidades de hornos de fundición deberían trabajar continuamente para abastecer de herramientas a los sufridos canteros. Y no digamos de la caterva de mineros necesarios para extraer los minerales del subsuelo. Y si todo lo anterior nos parece dificultoso, añadamos la complejidad de cortar y perforar materiales tan sumamente duros como el granito, el basalto, el esquisto o la diorita. Parece de locos pensar que los antiguos egipcios consiguieran perforar, cortar y pulir enormes bloques de granito con herramientas de cobre y bronce –materiales, por cierto, menos duros que las propias rocas graníticas–. En la actualidad, para el corte y pulido de rocas de esa dureza se utilizan sierras de diamante. En consecuencia, visto desde nuestra perspectiva actual, parece que algo no cuadra...

Asimismo, podríamos cuestionar diversos asuntos más, aunque sería extender demasiado el discurso para llegar a la misma conclusión: la antigua civilización egipcia sigue y seguirá maravillando al ser humano a lo largo de generaciones. Tal vez, desde nuestra visión actual, los logros conseguidos por esta inconmensurable civilización no dejen de sorprendernos. Y, probablemente, sea fácil dejarse llevar por las numerosas teorías paranoicas que la rodean, hipótesis, por otro lado, alimentadas por la contrariedad de no poder encontrar explicaciones satisfactorias a sus grandes hazañas. Sin embargo, a pesar de los enigmas e interrogantes que envuelven a esta portentosa cultura, quizás, sólo quizás, suplieron sus carencias tecnológicas con algo muy humano: el ingenio. Y, por supuesto, con una inmensa mano de obra al servicio de los propósitos de faraones y dioses.

Тајни и загатки на антички Египет

Tener razón sin verdad. Oratoria y liderazgo

Según el diccionario de la lengua de la R.A.E, la oratoria es un género literario que se concreta en diferentes formas como el discurso, la disertación, la conferencia, el sermón, etc. También, en otra de sus acepciones, la oratoria viene definida como el arte de hablar con elocuencia. ¿Y qué es la elocuencia? Pues, nada más y nada menos, que la facultad de hablar bien con fluidez, propiedad y de manera efectiva para convencer o persuadir a quien escucha. No hace falta, por tanto, tener la razón. El buen orador inducirá a su interlocutor a creer sus palabras, sean ciertas o no. Ya lo dijo el gran orador Sócrates en su discurso conocido como *Apología de Sócrates*. Este filósofo fue condenado a muerte por defender ideas contrarias a las admitidas por el Estado. Ha pasado a la historia como el primer gran defensor de la libertad de pensamiento y, a pesar de su brillante apología, no se salvó de la muerte. Su alegato ante el jurado que lo iba a sentenciar comenzaba así: *"Yo no sé, atenienses, la impresión que os ha causado el discurso de mis acusadores. Pero a mí me ha dejado confuso; tal ha sido su capacidad de persuasión. Sin embargo, no han dicho una palabra que sea verdad..."* Una vez impuesta la pena, Sócrates se dirigió a los jueces con estas palabras inolvidables: *"Cuando mis hijos sean mayores, os suplico que los atormentéis si veis que prefieren las riquezas a la virtud y que se creen algo cuando no son nada, porque así es como yo he obrado con vosotros. Ya ha llegado el momento; para vosotros, el momento de vivir, y para mí el momento de morir. Entre vosotros y yo, ¿quién lleva la mejor parte? Esto es lo que nadie sabe, excepto el dios."*

Un buen orador debe hablar respecto a un determinado tema procurando informar, entretener y, a poder ser, conmover a la audiencia que lo escucha. La oratoria puede ser utilizada simplemente para informar o entretener, pero también para motivar, influir o persuadir. La estructura básica de un discurso debería constar de introducción, cuerpo y conclusión, aunque siempre se puede sorprender comenzando por el final. No obstante, hay un factor que no puede faltar en una buena disertación: la claridad del mensaje. Es fundamental que la alocución sea clara y comprensible para el público al que va dirigida. A su vez, la tonalidad, el timbre y la cadencia de voz del orador deben acompañar un buen discurso. La claridad y nitidez de la voz es primordial para enganchar a la audiencia. Una voz atemperada y bonita puede hacer triunfar una disertación. En cambio, un timbre vocal anodino y sin una cadencia adecuada puede hacer fracasar el mejor discurso del mundo. No será la primera vez ni la última que, escuchando una oratoria interesante, hemos desconectado al no sentirnos atrapados por la voz del expositor.

Otro dilema al que se enfrenta el orador en su discurso es: el tiempo. Y uno de sus mayores desafíos será controlar el aburrimiento de la audiencia. Ya lo decía Baltasar Gracián en su *Oráculo manual y arte de prudencia* (1647): *"Lo bueno, si breve, dos veces bueno"*, a lo que añadía *"Y aun lo malo, si poco, no tan malo"*. Así, encontramos ejemplos de oratorias que han pasado a la historia por su brevedad y otros que han sido olvidados por su demasiada extensión. Meses después de la batalla de Gettysburg, en la Guerra de Secesión norteamericana, el gobernador de Pensilvania levantó un mausoleo en honor de las tropas de la Unión que perecieron en el sangriento enfrentamiento. El orador más conocido entonces, Edward Everett, pronunció un discurso de dos horas ante la multitud desconsolada. A continuación, se le pidió a Abraham Lincoln que añadiera unas palabras al discurso de Everett. Y en dos minutos, con sólo 272 palabras, la alocución del presidente Lincoln se convertiría en un símbolo patriótico para la nación estadounidense. Éste es el texto íntegro:

Hace ochenta y siete años, nuestros padres hicieron nacer en este continente una nueva nación concebida en la libertad y consagrada en el principio de que todas las personas son creadas iguales. Ahora estamos empeñados en una gran guerra civil que pone a prueba si esta nación, o cualquier nación así concebida y así consagrada, puede perdurar en el tiempo. Estamos reunidos en un gran campo de batalla de esa guerra. Hemos venido a consagrar una porción de ese campo como lugar de último descanso para aquellos que dieron aquí sus vidas para que esta nación pudiera vivir. Es absolutamente correcto y apropiado que hagamos tal cosa. Pero, en un sentido más amplio, nosotros no podemos dedicar, no podemos consagrar, no podemos santificar este terreno. Los valientes hombres, vivos y muertos, que lucharon aquí ya lo han consagrado, muy por encima de lo que nuestras pobres facultades podrían añadir o restar. El mundo apenas advertirá y no recordará por mucho tiempo lo que aquí digamos, pero nunca podrá olvidar lo que ellos hicieron aquí. Somos, más bien, nosotros, los vivos, quienes debemos consagrarnos aquí a la tarea inconclusa que los que aquí lucharon hicieron avanzar tanto y tan noblemente. Somos más bien los vivos los que debemos consagrarnos aquí a la gran tarea que aún resta ante nosotros: que de estos muertos a los que honramos tomemos una devoción incrementada a la causa por la que ellos dieron la última medida colmada de celo. Que resolvamos aquí firmemente que estos muertos no habrán dado su vida en vano. Que esta nación, Dios mediante, tendrá un nuevo nacimiento de libertad. Y que el gobierno del pueblo, por el pueblo y para el pueblo no desaparecerá de la Tierra.

Con el paso del tiempo, el discurso de Lincoln se ha llegado a considerar uno de los mejores de la historia y modelo de oratoria para futuras generaciones. Everett habló durante dos horas y nadie recuerda su discurso, mientras que las palabras que Lincoln pronunció en dos minutos, son estudiadas en las escuelas de medio mundo.

Otro histórico discurso, que impactó al mundo por su transcendencia, fue el que pronunció Martin Luther King un caluroso día de agosto de 1963 en la ciudad de Washington, ante una multitud necesitada de esperanza. Este discurso de 16 minutos y medio, todavía hoy, sigue siendo un modelo de oratoria. Fue ensayado una y otra vez ante diferentes personas hasta que quedó perfectamente pulido. Por tanto, un buen orador también debe ser un buen escritor. Debe esmerarse y preparar a conciencia el texto que va a formar parte de su discurso. Luther King, además, tuvo la intuición de formular diferentes eslóganes a lo largo de su exposición. El famoso *I have a dream* (tengo un sueño) ha pasado a la historia porque fue una frase pronunciada en un determinado momento, con una cadencia y un énfasis adecuados. Consiguió despertar a miles de ciudadanos en un punto crucial de la historia estadounidense. El mensaje que pretendía Luther King transmitir con su frase era: <<mi sueño es también vuestro sueño>>. Todos tenemos un sueño y, por tanto, todos nos identificamos con esa memorable frase. El secreto de todo gran orador es lograr que el público haga suyas las palabras que está oyendo y que, sin darse cuenta, las memorice para siempre.. Una vez que hemos atrapado a la audiencia, tenemos que afianzar el mensaje. De esta forma, Luther King proclamó también: *"Sueño que mis cuatro hijos, vivirán un día en una nación donde serán juzgados, no por el color de su piel, sino por su carácter."* Esta frase dicha con las pausas y la cadencia adecuadas ayudaron a intensificar el impacto que él buscaba.

La retórica, inventada por los antiguos griegos, es la que nos proporciona la base para construir un discurso. Desde hace dos mil quinientos años, los buenos oradores se miran en el espejo de la Antigua Grecia, que dio al mundo grandes representantes del género oratorio. Entre los muchos, cabría destacar a Pericles, político y estratega ateniense del siglo V a. C., conocido por su grave e imponente voz. También habría que recalcar la figura del filósofo griego Aristóteles, discípulo de Platón. Conocido como el padre de la lógica, sus contribuciones son famosas por su capacidad razonadora y retórica. No deberíamos olvidarnos tampoco del líder y estratega Alejandro Magno que, a pesar de su juventud, destacó igualmente en el campo de la oratoria.

En época romana, sobresaldría la figura de Julio César, gobernador y líder nato, cuyas mayores cualidades fueron la escritura y la retórica. Amado y odiado a partes iguales, fueron precisamente sus detractores los que conspiraron contra él, acabando con su vida. Algunas célebres frases suyas son: *alea iacta est* (la suerte está echada) y *veni, vidi, venci* (vine, vi, vencí).

En oratoria religiosa se distinguirían personajes como Santo Tomás de Aquino y Girolamo Savonarola. El primero dedicó gran parte de su vida a la enseñanza religiosa, convirtiéndose en doctor de la Iglesia católica y siendo considerado uno de los grandes filósofos de la historia. El segundo, predicador dominico en tiempos del papado de Alejandro VI, alcanzó la fama por sus multitudinarios sermones en la catedral de Florencia. Fue capaz de concienciar a la población florentina de que el mal residía en el Papado. En su lucha contra los bienes materiales, impulsó la "hoguera de la vanidades", donde se quemaron en público miles de objetos en la fiesta del Carnaval de Florencia. Su objetivo era destruir elementos pecaminosos que ensalzaran la vanidad del ser humano: espejos, maquillajes, vestidos refinados, instrumentos musicales, manuscritos con canciones seculares y cuadros. Tal poder de convicción tenía este monje, que el propio pintor renacentista Sandro Botticelli no dudó en poner en la hoguera, él mismo, varias pinturas originales sobre temas mitológicos.

La oratoria, en la mayoría de ocasiones, va indefectiblemente asociada al liderazgo y a la política. De hecho, los principales políticos y líderes mundiales han sobresalido por encima del resto gracias al dominio de este arte. Encontramos, así, a grandes oradores ya mencionados como Abraham Lincoln o Martin Luther King, y a otros de su misma talla como Winston Churchill –premio Nobel de Literatura–, considerado uno de los mayores líderes en tiempos de guerra. En el siglo pasado, podemos destacar igualmente la figura del "Che", político y militar cubano, que fue el principal líder de la Revolución Cubana del siglo XX. Fue capaz de convencer a grandes multitudes del tercer mundo latinoamericano para actuar mediante la lucha armada. A día de hoy, su figura sigue siendo un icono de la lucha contra las injusticias sociales. Otro líder destacable del siglo XX fue John Fitzgerald Kennedy, uno de los políticos que mayores esperanzas había despertado en el pueblo americano gracias a sus palabras. Hoy en día, es considerado como uno de los mejores presidentes norteamericanos de la historia.

Dos figuras transcendentales para sus naciones, pero también para el resto del mundo, fueron Mahatma Gandhi y Nelson Mandela. El primero luchó toda su vida contra el colonialismo británico en la India, destacando siempre su mensaje pacifista bajo los preceptos de la no violencia. Pronunciaría uno de los discursos más relevantes de la historia en Quit en agosto de 1942. Al igual que Gandhi, Mandela entendió que la forma de combatir la pobreza y la desigualdad social vendría del entendimiento y la comunicación, no de la violencia y el odio. Luchó firmemente contra el *apartheid* sudafricano, que le costó 27 años de cárcel. A su salida, fue el primer mandatario de raza negra elegido por sufragio universal, siendo presidente de Sudáfrica desde 1994 hasta 1999.

En el polo opuesto a los dos anteriores, encontramos al psicópata Adolf Hitler. Dictador de profesión, llegó a consagrarse como un maestro de la comunicación y la persuasión. Considerado un líder carismático negativo, sus discursos estaban llenos de fuerza y convencimiento hasta el punto de arrastrar a Alemania a la contienda, desatando la II Guerra Mundial. Y sin olvidarnos, además, de que persuadió al pueblo alemán para que admitiera con cierta complacencia el genocidio judío.

En el siglo XXI, emerge con fuerza la figura de otro líder de raza negra: Barak Obama. Ha sido el primer presidente afroamericano de la historia de Estados Unidos. Ganó el premio Nobel de la Paz, entre otras razones, por sus carismáticos y emotivos discursos.

En nuestra era tecnológica, destaca la revolución

multimedia del creador de la archiconocida marca Apple: Steve Jobs. De espíritu emprendedor e incansable, empleaba en sus exposiciones y discursos una oratoria apoyada en la tecnología visual. Y en un mundo dominado por los hombres, hoy en día comenzamos a admirar a mujeres que triunfan por su persuasión, convencimiento y oratoria. Aunque hay infinidad, me gustaría nombrar a dos: Jessica Cox y Susan Lynn. La primera tiene el honor de ser la primera mujer sin brazos que obtiene la licencia de piloto y alcanza el cinturón negro de karate; imparte charlas sobre motivación y positivismo por todo el mundo. Lynn, en cambio, es presentadora de televisión, asesora financiera y oradora. Igualmente, es conocida por su faceta comunicadora, habiendo obtenido un premio Gracie por su programa en la CNBC.

Me gustaría concluir, recalcando el significado del título de este artículo: tener razón sin verdad, oratoria y liderazgo. El arte de la oratoria consiste en convencer con un discurso elocuente a la audiencia que escucha. Aunque tener el convencimiento de lo que se transmite es importante, no es un factor determinante para persuadir al interlocutor. De hecho, en las escuelas de oratoria se enseña a los aprendices a formular disertaciones sobre asuntos opuestos a sus creencias. Si uno quiere ser un buen orador y un líder virtuoso, debe saber atrapar a la audiencia, tanto con una idea como con la contraria. Ya hemos confirmado, que numerosos líderes políticos y sociales han conseguido arrastrar a grupos humanos e incluso a naciones enteras, con arengas que han calado hondo en el corazón y en la mente de los ciudadanos. Sin lugar a dudas, el ejemplo más claro, triste y dramático que el poder de la palabra puede tener, es el de la oratoria de Hitler. Consiguió seducir y persuadir a la nación alemana para embarcarse en una guerra mundial, además de perpetrar con el pueblo judío uno de los mayores genocidios de la historia.

El poder de la palabra, la elocuencia de un discurso y el arte de un buen orador pueden ser más letales que el mayor ejercito del mundo.

സത്യമില്ലാതെ   ശരിയായിരിക്കുക.
പൊതു സ്ഥാരവും നേതൃത്വവും

La maldad humana siempre busca excusa

Según el diccionario de la R.A.E, la maldad queda definida como: <<acción mala e injusta>>. Éste es el significado que la Real Academia Española nos da en la segunda acepción de esta palabra. En la primera, la significación que da a la maldad es: <<cualidad de malo>>. Ambos significados, concretos y sin sobrecargas definitorias, nos sumergen en el sentido más intrínseco de esta palabra. Por consiguiente, la maldad consiste en una acción mala e injusta, que se materializará ineludiblemente mediante la intervención de un ser malo o malvado. En el caso que nos ocupa, la maldad procederá del ser humano y se contrapondrá a la bondad que surge de cada uno de nosotros.

Dejando de una parte las significaciones que nos brinda el diccionario español, debemos ahondar en los rasgos que definen a la maldad humana. Ésta se caracteriza, en todo momento, por buscar el propio beneficio. Según las últimas investigaciones, la personalidad de una persona malvada puede identificarse y medirse gracias a los nueve rasgos del conocido factor D. En apariencia, los humanos estamos orientados biológicamente hacia la sociabilidad, la empatía y el cuidado de los nuestros, y eso nos permite sobrevivir como grupo y avanzar como especie. Sin embargo, esto no es óbice para que la maldad humana exista.

El mal tiene muchos rostros. En el comportamiento del malvado o malvada hay algo más que el simple deseo de humillar y causar daño a sus semejantes. La historia del ser humano está poblada de personajes oscuros, asesinos de masas e impulsores de violentos crímenes. No obstante, la maldad es sibilina, silenciosa y, a menudo, no tan llamativa como las dramáticas historias que nos dejaron míticos criminales como Hitler o Stalin. En la mayoría de las ocasiones, tenemos el mal más cerca de lo que pensamos. Nos topamos con la maldad en la esfera política, en las relaciones jerárquicas en nuestro trabajo, en esos padres o madres que maltratan a sus hijos, y hasta en esos niños y niñas que acosan, humillan y agreden a sus compañeros de clase...

Sin obviar ciertos condicionantes que puedan influir en esas dinámicas agresivas, los neurólogos, psiquiatras y psicólogos llevan tiempo preguntándose si existe un eje común que pueda explicar esos comportamientos malvados. Recientemente, los estudios e investigaciones han detectado ese patrón común, denominado factor D, que recogería y describiría todas esas conductas del núcleo más oscuro de la personalidad humana. Ese denominador común –factor D– sería el encargado de definir y medir la tendencia psicológica que posiciona nuestros propios intereses, deseos o motivaciones personales por encima de cualquier otro aspecto, circunstancia o persona. Asimismo, ese factor engloba en sí los diferentes comportamientos que integran la maldad humana, y que los científicos han denominado: los nueve rasgos oscuros del factor D. Veamos cuáles son:

- **Egoísmo**. Entendido como la preocupación excesiva por los propios intereses.
- **El maquiavelismo**. Define a la persona con comportamientos manipulativos, frialdad emocional y mentalidad estratégica en busca de intereses propios.
- **Ausencia de ética y sentido moral**.
- **Narcisismo**. Hace referencia a la admiración excesiva por la propia persona y búsqueda continuada del propio beneficio.
- **Derecho psicológico**. Hace referencia a la convicción por la cual una persona se siente merecedora de más derechos y concesiones que los demás.
- **Psicopatía**. Déficit afectivo, baja empatía, insensibilidad, tendencia a la mentira, impulsividad.
- **Sadismo**. Comportamientos donde no se duda en infligir dolor a los demás mediante cualquier clase de agresión, ya sea sexual, física o psicológica; estos actos crueles persiguen el placer mediante la sensación de dominio.
- **Interés social y material**. Búsqueda constante de ganancias, ya sean refuerzos sociales, objetos materiales, reconocimiento, éxito...
- **Malevolencia**. Preferencia por hacer el mal, ya sea

mediante la agresión, el abuso, el robo, la humillación...

Las personas que tienen alguno o varios de estos rasgos oscuros, encuentran además justificación en sus propios actos o comportamientos. Me viene a la cabeza una cita de Dostoevsky: *"nada es más fácil que identificar la figura del malvado, pero nada es más difícil que llegar a entenderlo"*. Y también relacionada, otra de Nietzsche: *"Quien con monstruos lucha, cuide de convertirse a su vez en monstruo. Cuando miras largo tiempo a un abismo, el abismo también mira dentro de ti"*.

Otro rasgo oscuro, al que yo denominaría número 10, es la vanidad: <<orgullo de la persona que tiene en un alto concepto sus propios méritos y un afán excesivo de ser admirado y considerado por ellos>>. La vanidad se alimenta, en mayor o menor medida, de algunas características de los otros nueve rasgos oscuros. Todos nos comportaremos en alguna ocasión de forma vanidosa, aunque sea a pequeña escala y de manera desapercibida. Nuestra personalidad vendrá marcada por el grado de influencia de alguno o varios de los rasgos oscuros anteriormente citados. Será difícil que algún humano escape de la influencia de cualquiera de estos rasgos oscuros de la personalidad. En no pocos momentos de la vida diaria, tendremos que enfrentarnos al dilema de decidir entre un acto "bueno" y uno "malo". Esto nos adentrará en un conflicto de valores, donde la decisión dependerá de los criterios que sostengan nuestros propios valores, que en la mayoría de las ocasiones chocarán con los de nuestro prójimo. De este modo, impondremos nuestro beneficio sobre el de otra persona, por lo que casi siempre actuaremos egoistamente. Y, en consecuencia, si nos atenemos a la lista de rasgos oscuros, no pocas veces actuaremos con cierta maldad, al considerar nuestro interés por encima del de los otros. Aunque estos comportamientos serán insignificantes comparados con los de los grandes malvados de la historia.

LXXXVIII

La lista de monstruos y criminales que han plagado la historia nos ha dejado claros ejemplos de la maldad humana, y aquí tenemos algunos de ellos:

- Adolf Hitler: político y militar alemán, obsesionado por establecer la supremacía alemana, exterminó a 6 millones de judíos, homosexuales, niños y discapacitados mentales. También fue el responsable de provocar la guerra mundial más devastadora y mortífera hasta la fecha.

- Josif Stalin: político y dictador soviético, se estima que asesinó entre 12 y 18 millones de personas sólo porque se oponían a su régimen.

- Josef Mengele: "matasanos" nazi, llamado "el ángel de la muerte". Responsable médico de Auschwitz II, utilizaba a los judíos como cobayas para realizar atroces experimentos.

- Mao Zedong: líder de la República Popular China, terminó con la vida de 70 millones de chinos en nombre de la revolución.

- Vlad Tepes, "el empalador": el rostro de la maldad suprema. Se estima que liquidó a 100.000 personas mediante torturas, descuartizamientos y empalamientos. Inspiró a Bram Stoker para crear el personaje novelesco del Conde Drácula.

- Nerón: emperador romano que asesinó a su madre, a su mujer y a todos los que le llevaban la contraria. También se dice de él, que ordenó prender fuego a la ciudad de Roma para inspirarse y componer una oda poética.

- Pol Pot: líder de los Jemeres Rojos de Camboya, sembró el país de minas y asesinó a 2 millones de camboyanos. En sólo tres días, la población de Phnom Penh (capital del país) redujo sus habitantes de 2 millones a 25.000.

- Idi Amín: político y militar ugandés, exterminó a 300.000 personas de su propio país. Este psicópata alardeaba de comer carne humana.

— Iván IV, "el terrible": fue zar de Rusia y se hizo famoso por grabar a fuego en la piel de sus víctimas. Este engendro presumía de haber violado a más de 1.000 vírgenes.

— Atila, rey de los hunos: su poder llegó desde Mongolia hasta la mismísima Roma, arrasando los pueblos por donde pasaba y asesinando con sanguinaria crueldad a sus enemigos.

— Tomás de Torquemada: fue Inquisidor General de Castilla y Aragón, y confesor de la reina Isabel La Católica. Bajo su mandato fueron quemadas más de 10.000 personas, y torturó y atemorizó a más de 300.000 españoles.

— Saddam Hussein: militar y dictador iraquí. Invadió Kuwait, quemó y demolió más de 2.000 pueblos e hizo desaparecer a más de 180.000 kurdos. No tuvo reparos en usar gases tóxicos contra los civiles kurdos dentro del propio territorio de Iraq.

— Leopoldo II, rey de Bélgica: se apropió del Congo y asesinó a más de 5 millones de personas. Sus atrocidades fueron contadas por el escritor polaco-británico Joseph Conrad en su novela *El corazón de las tinieblas*.

— Ranavolona I, reina de Madagascar: fue responsable de la eliminación mediante torturas de un millón de sus súbditos.

— Elizabeth Bathory: aristócrata húngara, descendiente de Vlad Tepes, "el empalador". Secuestraba y torturaba a muchachas, y bebía su sangre para conseguir la eterna juventud. Dicen que llegó a matar a más de 600 jóvenes.

— Al Capone: este gángster italo-estadounidense amasó una inmensa fortuna con el tráfico de alcohol durante la Ley Seca americana. Asesinaba sin miramientos a cualquiera que se enfrentase a él, sin importarle el cargo o posición que ocupase.

     –   Osama Bin Laden: fundador de la red terrorista Al Qaeda. Responsable de los atentados de Nueva York, Madrid y otros varios en nombre del Islam, que mataron a más de 5.000 personas.

     –   Vladimir Putin y Benjamín Netanyahu: líderes de Rusia e Israel, son los malvados de este siglo. El primero está destruyendo Ucrania y acabando con la vida de civiles inocentes. El segundo está provocando el genocidio del pueblo palestino en Gaza.

En el listado anterior faltan muchos, aunque no sobra ninguno. Con el paso del tiempo y dependiendo de las fuentes consultadas, las atrocidades de estos malvados pueden estar algo exageradas y otras infravaloradas, pero no distan mucho de los crímenes reales cometidos o inducidos por ellos. Cuando nos encontramos ante actos tan despiadados, difíciles de explicar, solemos pensar que los infractores son especiales, irracionales, enfermos y carentes de toda humanidad. Tenemos la convicción que son diferentes a nosotros, ya que nosotros nunca hubiéramos sido capaces de cometer semejantes tropelías. Creemos que estos individuos no pueden ser "normales" porque, si lo fueran, se equipararían a cualquiera de nosotros. Sin embargo, a pesar de nuestras reticencias, estos malvados monstruos pertenecen a la raza humana. ¿Y qué los diferencia del resto? Probablemente, ciertos rasgos oscuros que han conformado su personalidad, aumentados exponencialmente por las circunstancias y el poder. Sin este último, hubieran sido unos simples delincuentes, miserables también, pero con una mínima influencia criminal. Es factible que entre nosotros se escondan malvados tan crueles, bárbaros e inhumanos como los anteriormente citados y, casi con toda seguridad, pasarán desapercibidos al no tener posibilidad de acción. Es evidente que el influjo provocado por un malvado desgraciado nunca se podrá equiparar con el producido por un malvado poderoso.

La maldad siempre tiene excusa. ¿Es sensato que el malvado busque justificación a sus actos injustos y crueles? Probablemente, no tenga ninguna lógica justificarse, aunque puede ser entendible que el criminal intente excusar sus crímenes, con mayor o menor convicción, cuando es acusado y sabe que va a ser condenado. De este modo, los malvados que han campado a sus anchas y no han temido por su vida, nunca habrán sentido la necesidad de buscar pretextos a su barbarie. Es curioso que mientras la maldad busca una excusa, la bondad no la necesita. Nadie va a necesitar testimoniar cuando realiza un acto bondadoso y nadie va a pedir explicaciones a esa persona bondadosa. Aunque puede parecer obvio, no lo es tanto. Lo que sí es obvio, es que todos tenemos poder de reflexión y sabemos discernir el bien del mal. Otro asunto diferente es intentar enmascarar el mal con diversas excusas y pretextos.

Un caso muy ilustrativo de la justificación de una atrocidad es el que se vivió durante el juicio de Adolf Eichmann en Jerusalén en 1961. Este nazi, coronel de las SS, fue apresado varios años después del fin de la Segunda Guerra Mundial por el Mossad —el Servicio de Inteligencia Israelí—. Fue conducido hasta Israel, juzgado y condenado a muerte. En el juicio, Eichmann se declaró inocente, aduciendo que su labor diaria al frente de las SS consistía en asegurar únicamente el traslado de los judíos detenidos a los campos de concentración. Aun sabiendo que los conducía a una muerte segura y que bajo su mando se exterminó a 6 millones de judíos, Eichmann declaró que era su trabajo, recibía órdenes y que nunca se planteó las despiadadas consecuencias de sus actos. Intentó defenderse ante el tribunal que lo juzgaba, alegando que actuó de forma sumisa e irreflexiva, sin voluntariedad y sin intención. Sostuvo hasta el final una posición deshumanizada, sin ningún atisbo de arrepentimiento, intentando hacer creer al Jurado que sus actos no tuvieron criterio propio. Sin embargo, el ser humano está dotado de capacidad reflexiva y de voluntariedad, y Eichmann no supo negarse a tales atrocidades porque creía firmemente en lo que hacía. Frío y calculador, este genocida representa, sin duda, la encarnación del mal. Y ante una maldad tan extrema e inhumana, "las palabras y el pensamiento se sienten impotentes".

የሰው ክፋት ሁሉ ጊዜ ሰበጠ
ይፈስጋል

Cerebro 100 %

El cerebro humano es el principal órgano del sistema nervioso central. Se encuentra alojado en el cráneo y tiene la misma estructura básica que el cerebro de otros mamíferos. Está dividido en dos hemisferios y su componente fundamental es la corteza cerebral, una capa de tejido neuronal plegado. El cerebro de un humano adulto pesa alrededor de 1,4 kilogramos, tiene un tamaño aproximado de 1.130 cm cúbicos y se estima que contiene 80.000 millones de neuronas. El cerebro es blando como una gelatina consistente y, a pesar de ser conocida como <<materia gris>>, la corteza es de un color beige rosado y su interior de un color ligeramente más blanquecino. El cerebro humano se encarga, tanto de regular y mantener cada función vital del cuerpo, como de ser el órgano donde reside la mente y la conciencia del individuo.

Casi siempre hemos asociado la inteligencia de una especie con el tamaño de su cerebro, pero no es así. Existen diferentes variables que condicionan la mayor o menor capacidad del intelecto. Para calcular la posible inteligencia de una especie animal, debemos usar el coeficiente de encefalización, que es la relación entre el tamaño del encéfalo y la masa corporal. O sea, la relación entre cerebro y cuerpo. Por consiguiente, aunque el cerebro de una ballena azul pese 8 kilogramos o el de un elefante indio 6 kilos, ninguno de los dos animales es más inteligente que un humano ya que, debido a su gran tamaño corporal, su coeficiente de encefalización es mucho menor. Si comparamos animales de masas corporales parecidas al ser humano, como puede ser el delfín y el gorila, sus pesos cerebrales son más pequeños, siendo aproximadamente de 1,2 kilos para el cetáceo y de alrededor de medio kilo para el primate. Por consiguiente, podemos afirmar con rotundidad que el ser humano posee el coeficiente de encefalización más alto de todas las especies animales. Sin embargo, para medir la inteligencia de cualquier especie y del ser humano en particular, se deben tener en cuenta otras variables. Las investigaciones más recientes apuntan a que no sólo el tamaño cerebral influye, sino que es fundamental la cantidad de neuronas que contiene un cerebro y, sobre todo, la capacidad de interconexión entre ellas; cuántas más conexiones, mayor facilidad tendrá el cerebro para realizar funciones más complejas.

Llegados a este punto, convendría resaltar que nuestros primos los neandertales tenían un cerebro más grande que el humano actual. Aunque solamente es una conjetura, posiblemente la cantidad de neuronas fuera menor y las interconexiones entre ellas mucho más simples. Otro dato a tener en cuenta en la evolución del tamaño cerebral humano es el consumo de energía. A cerebro más grande, mayor consumo energético. Así, nuestro cerebro consume un 20 % de energía frente al 13 % de los chimpancés o al 8,5 % de los ratones. La consecuencia que tiene este elevado consumo energético de nuestro cerebro es que, evolutivamente, nuestro cuerpo ha tenido que empequeñecerse para compensar ese gasto extra de energía.

Desde hace largo tiempo, corre por los mentideros pseudocientíficos el mito de que solamente usamos un 10 % del potencial que posee nuestro cerebro. No se sabe a ciencia cierta quién originó tal divagación, pero todas las investigaciones y estudios apuntan a que esta leyenda es una auténtica falsedad. Simplemente tenemos que usar la lógica, que para eso tenemos el cerebro... ¿Para qué iba a evolucionar el cerebro humano en tamaño y complejidad? Para usar solamente un 10 % y desperdiciar el resto... ¿Para qué necesitaríamos gastar 1/5 de nuestra energía en sostener la actividad de un cerebro tan voluminoso? La evolución no tendría sentido si no nos capacitara cada vez más para enfrentarnos a los desafíos naturales. Por consiguiente, podemos afirmar que usamos nuestro cerebro al 100 %, algunos más que otros, eso sí... Nuestro cerebro está dividido en lóbulos y cada uno de ellos tiene una función específica. Y, al parecer, no es tan importante la cantidad de neuronas que posean, sino la cantidad de conexiones que puedan darse entre ellas.

El cerebro de Albert Einstein era de tamaño normal, pero la autopsia desveló que tenía un córtex prefrontal extraordinario, lo que pudo contribuir a sus excepcionales capacidades cognitivas. Estudios recientes han confirmado que las personas superdotadas tienen un cerebro de tamaño normal y con una cantidad de neuronas similar a la de cualquier otro humano. Su actividad neuronal, que interconecta las diferentes partes de su cerebro, también está dentro de los rangos de normalidad. Al parecer, lo único que les diferencia del resto de los humanos son unas conexiones interneuronales diferentes y específicas y, por supuesto, más rápidas que las del resto.

Un dato empíricamente confirmado, a través de los registros fósiles, es la evidencia de que el cerebro humano ha triplicado su tamaño en los últimos 2 millones de años, muy por encima de la evolución de otros mamíferos. Recientes estudios apuntan a que este exponencial desarrollo de nuestro cerebro se debió principalmente a una causa: la presión demográfica. El aumento de la población supuso un reto de primer orden, obligando al ser humano a luchar por los recursos y a formar grupos sociales cooperativos. Aunque el aumento del cerebro homínido fue originado también por otras variables como el cambio climático, el crecimiento demográfico fue su máximo acicate. La necesidad de competir por los recursos que comenzaban a escasear, devino en la especialización de tareas por parte de los diferentes grupos humanos. La interacción entre ellos, las luchas y los intercambios propiciaron que el cerebro se adaptara y generara capacidades sociales y cognitivas nuevas. En resumen, la disminución de los recursos, debido al aumento demográfico de nuestra especie, provocó cambios evolutivos en nuestro cerebro para adaptarse a la nueva situación. Características como la creación de objetos artísticos o tecnología avanzada, que nos hacen únicos en el planeta, pudieron tener su origen en las interacciones con otros humanos, propiciando el intercambio de ideas y habilidades, y manteniendo las innovaciones.

Y hablando de cerebros, no podemos dejar de nombrar a mentes preclaras de la historia que son considerados genios por sus inmensos coeficientes intelectuales (C.I). Aunque la cifra dependerá del tipo de test que se use, y las escalas suelen llegar al 200 y algunas más allá, se considera, comúnmente, que al obtener un resultado por encima de 150 se habla de una inteligencia superior. Así, podemos citar a:

- <u>Leonardo da Vinci:</u> C.I estimado de 200. Quizás la persona que más talento desplegó en distintas disciplinas y en diversos campos. Da Vinci vivió entre 1452 y 1519 y destacó como un grandioso pintor, escultor, matemático, ingeniero, inventor, anatomista, geólogo, cartógrafo, botánico y escritor. Para muchos es el arquetipo del hombre del Renacimiento por su curiosidad inagotable, imaginación e inventiva.

- <u>Albert Einstein:</u> C.I estimado de 190. El teórico físico vivió entre 1879 y 1955 y, por las implicaciones de sus trabajos, se convirtió en el científico más popular del siglo XX y en el estandarte de inteligencia en el mundo occidental. Su *Teoría de la Relatividad*, expresada en la ecuación $E=mc^2$, lo catapultó a la fama.

- <u>Stephen Hawking:</u> C.I de 160. Nacido en 1942 en el Reino Unido, casi abandona sus estudios. Persistió en su análisis de los agujeros negros, a pesar de sufrir esclerosis lateral amiotrófica. Publicó trabajos pioneros y su libro *Una breve historia del tiempo* –publicado en 1988– ratificó su valía como científico divulgador.

- <u>Garry Kasparov:</u> C.I de 194. Nacido en 1964, el Gran Maestro del ajedrez ruso estuvo en lo más alto del ranking durante 225 semanas de las 228 en las que compitió profesionalmente, un récord que hasta ahora nadie ha superado. La computadora Deep Blue de IBM consiguió vencerle.

- <u>Marie Curie:</u> C.I estimado de 180. La famosa física y química francesa destaca por ser la única persona que ha ganado dos premios Nobel en dos especialidades distintas: Premio Nobel de Física (1903) y Premio Nobel de Química (1911).

- <u>William Sidis:</u> C.I estimado de 250. Nació en 1898 y murió en 1944. Es considerado la persona más inteligente de la historia. A los 18 meses podía leer el *New York Times,* a los 4 años ya había leído *La Odisea y La Iliada de Homero,* y a los 8 hablaba nueve idiomas: inglés, latín, griego, ruso, hebreo, turco, armenio, francés y alemán. De la misma manera, llegó a crear su propio idioma, al que llamó Vendergood. Entró en Harvard a los 11 años, y a los 16 se graduó en Medicina y comenzó los estudios de Derecho. Antes de morir, era capaz de hablar perfectamente cerca de 40 idiomas y había cursado 7 carreras.

- <u>Isaac Newton:</u> C.I estimado de 190. Físico, filósofo, teólogo, inventor, alquimista y matemático inglés, es especialmente conocido por formular la *Ley de gravitación universal.*

En esta lista faltarían muchos otros, pero los que están no pueden faltar. Habría que destacar, que todos estos genios fueron altamente capaces e inteligentes en algunos campos y disciplinas y, probablemente, por contra, fueron más bien torpes en otros. Esto nos lleva, inevitablemente, a la Teoría de las Inteligencias Múltiples, desarrollada por Howard Gardner y su equipo de la Universidad de Harvard. Han identificado 8 tipos distintos de inteligencia: lingüístico-verbal, lógico-matemática, viso-espacial, musical, corporal-cinestésica, intrapersonal, interpersonal y naturalista. Por consiguiente, cualquier cerebro y cualquier mente humana puede sobresalir en una o varias de estas inteligencias. Los genios anteriormente citados han destacado de forma sublime en algunas de ellas. Sin embargo, en varias de las otras han sido representantes más bien mediocres. A modo de ejemplo, podríamos referirnos a Newton, que en el desarrollo de su inteligencia interpersonal dejó mucho que desear. El padre de la *Ley de gravitación universal* se atribuyó a sí mismo lo que no le pertenecía, ya que, si bien Newton desarrolló la matemática detrás de la fuerza de gravedad, el autor de la idea fue Robert Hooke. Nadie sabe sobre la vida de este último, ya que Newton se dedicó en cuerpo y alma a desprestigiar a este científico. No sólo le negó el crédito que le pertenecía, sino que lo insultaba con frecuencia en sus escritos; tenía un odio visceral hacia Hooke.

Otro caso, que no hemos nombrado en la lista precedente, es el del mundialmente famoso ajedrecista Bobby Fischer. Este personaje, con una mente brillante, se hizo famoso por aplastar a sus rivales en el ajedrez, demostrando una sorprendente capacidad lógica y una destreza mental única. Sin embargo, destacó también por su declarado antisemitismo y por su falta de bondad. Podríamos describirlo como un enajenado mental lleno de odio.

Y por último, deberíamos preguntarnos: ¿hacia dónde se dirige la evolución del cerebro humano? Nadie lo sabe a ciencia cierta, aunque el consenso científico apunta a que nuestro cerebro ya no va a evolucionar más, al menos, a nivel biológico y natural. Las nuevas tecnologías y la innovación científica son los factores que dotarán al cerebro humano de nuevas capacidades en el futuro. Algunos investigadores ya vaticinan la mutación que convertirá al *Homo sapiens* en *Homo cyberneticus*. Este nuevo humano se convertirá en una raza diferente, asistida por mejoras tecnológicas. Los nuevos seres estarán moldeados mediante la fusión del cuerpo y del cerebro a través de dispositivos artificiales. Ya se están realizando investigaciones y ensayos con tejidos artificiales, con dispositivos externos y con implantes cerebrales que potenciarán las capacidades de nuestra mente.

¡Ah! Se me olvidaba una última reflexión. El genio Stephen Hawking ya lo dijo una vez: <<la inteligencia está sobrevalorada...>>. Con esta consideración, el afamado físico quería dar a entender, que la supervivencia de una especie no está ligada estrechamente a su inteligencia. Si repasamos las especies más longevas sobre nuestro planeta, la mayoría son seres acuáticos que viven en los océanos. Nos encontramos con algunas especies de tiburones, que llevan viviendo en la Tierra más de 100 millones de años. Los esturiones se calcula que pueblan el planeta desde hace 200 millones de años, y celacantos y lampreas más de 350 millones. En el *top* de la longevidad hallamos al cangrejo herradura, al nautilus y a las medusas, que sobreviven desde hace 500 millones de años. Y las que más tiempo perduran sobre la faz de la Tierra, con más de 760 millones, son las esponjas.

Llegados a este punto, habrá que cuestionarse si el inteligente ser humano conseguirá sobrevivir, al menos, una centésima parte que estas especies. Conociendo que el *Homo sapiens*, el actual hombre moderno, lleva poblando este planeta aproximadamente medio millón de años, resulta difícil creer que, a pesar de su reconocida inteligencia, esto le permita perdurar otros 500.000 años más. Al ritmo de destrucción que llevamos, conseguiremos que la Tierra sea un mundo estéril, difícilmente habitable, en un plazo no superior a un siglo.

C

100% মস্তিষ্ক

La búsqueda de un nuevo hogar

Enlazando con las conclusiones del anterior artículo, deberíamos plantearnos encarecidamente la conservación de nuestro planeta. Con casi toda probabilidad, a pesar de los esfuerzos de algunos, la Tierra será un mundo cada vez menos habitable. En el último siglo y, principalmente, en las últimas décadas, el deterioro al que estamos sometiendo a nuestro hogar planetario se presume de difícil reversión. Como ya apuntó el cosmólogo británico Stephen Hawking antes de su fallecimiento en el año 2018, la raza humana tiene que buscar en menos de 100 años otro planeta para vivir. De lo contrario, no podremos evitar la extinción. Diferentes variables como el cambio climático y el calentamiento global, el aumento acelerado de la población y las epidemias hacen que la situación de la Tierra sea cada vez más precaria.

Hawking pensaba que la posibilidad de que la humanidad desparezca en un siglo es casi remota, pero el paso del tiempo aumentará las probabilidades hasta el punto de que se convierta en una amenaza real. Él pronosticaba que, tarde o temprano, esto ocurrirá. Y el mejor modo de evitar que el fin de la humanidad llegue, no es otro que saliendo de la Tierra y adentrándonos en el espacio, colonizando otras estrellas y planetas. Recomienda, por tanto, regresar con nuevas misiones a la Luna y establecer una base permanente en menos de 30 años, donde se probarían las tecnologías necesarias para viajar a destinos más lejanos, convirtiéndose en un puente hacia la conquista de nuevos planetas. El siguiente paso sería que el hombre pueda llegar a Marte dentro de 50 años.

Los problemas más acuciantes a los que se enfrenta

nuestro planeta y la vida en él, es el cambio climático y el calentamiento global. Aunque haya líderes políticos despreocupados que no miden la importancia exacta de la amenaza, ésta es muy real. No es un problema de futuro, es un problema actual que está ocurriendo hoy en día: los casquetes polares se derriten, la contaminación causa enfermedades mortales, la flora y fauna del planeta están muriendo... Debemos tomar conciencia de ello y empezar a actuar. El tiempo corre y la Tierra no puede seguir esperando. El responsable del cambio climático es el ser humano, emitiendo gases de efecto invernadero que calientan el planeta. El gas más conocido es el CO_2, causante del 65 % del calentamiento global, pero existen otros como el metano o el óxido nitroso. Todos estos gases se acumulan en la atmósfera y calientan la Tierra en exceso, provocando graves consecuencias.

Los principales causantes del cambio climático y del calentamiento global son:

- <u>Transporte contaminante.</u> Es el primer factor de contaminación, al que se atribuye entre el 40 y el 50 % de las emisiones nocivas. El principal emisor es el transporte terrestre, pero también hay que contar con los medios de transporte acuáticos y aéreos.
- <u>Edificios ineficientemente energéticos.</u> El aislamiento, estanqueidad y ventilación de nuestros edificios reduciría considerablemente el consumo de energía.
- <u>Residuos industriales.</u> Las industrias químicas y petroleras son altamente contaminantes, aunque otras como las productoras de colorantes, PVC, cloro y metalúrgicas también generan gran cantidad de residuos de alto potencial tóxico.
- <u>Excesivos residuos.</u> En Europa, por ejemplo, generamos 1 kilo y medio de basura diaria y más de la mitad consiste en envases y bolsas de plástico.
- <u>La agricultura y ganadería intensiva.</u> Este tipo de

producción alimentaria origina grandes consumos de energía y produce importantes emisiones de gases de efecto invernadero. No digamos, además, el uso indiscriminado de pesticidas.

- <u>Derroche energético.</u> Hay una larga lista de cosas que todos y todas podríamos hacer en nuestro día a día para dejar de derrochar tanta energía.
- <u>Deforestación.</u> El impacto directo de esta práctica lo sufre nuestro entorno más cercano, pero afecta a todo el planeta. La masa forestal tiene la virtud de transformar el CO_2 en oxígeno; si nos dedicamos a eliminar los árboles, la concentración de gas nocivo en la atmósfera será cada vez mayor.

Todos y cada uno de nosotros podemos frenar el cambio climático, tomando conciencia del problema y realizando pequeñas acciones que redundarán en una disminución de las emisiones de gases de efecto invernadero. De esta manera , más que nunca, estamos obligados a reciclar, reutilizar, consumir de forma responsable y generar menos residuos. Tenemos una responsabilidad individual y colectiva con las próximas generaciones. Debemos actuar rápido porque ellas ya no lo podrán hacer. Las principales consecuencias del cambio climático y del calentamiento global están ahí:

1. <u>Temperaturas más cálidas.</u> La acumulación de gases contaminantes hace que las temperaturas aumenten cada vez más. Esto provoca sequías y, además, aumenta el riesgo de incendios que conlleva la deforestación y la desertización del planeta.
2. <u>Tormentas más intensas.</u> El hecho de que las temperaturas sean más altas, influye en unas lluvias menos frecuentes y más intensas; por tanto, el nivel de inundaciones y su gravedad también irán en aumento.
3. <u>Propagación de enfermedades.</u> Un cambio de

temperatura de varios grados puede hacer que la zona templada se haga más acogedora a la propagación de determinadas enfermedades, olvidadas en los países desarrollados y en zonas que tradicionalmente han sido más frías. Además, en los países de la franja tropical, enfermedades como la malaria, el dengue o el mal de Chagas se agudizarán.

4. <u>Olas de calor más fuertes</u>. El calentamiento global del planeta, producido por la quema acelerada de combustibles fósiles, ha sido muy intenso en el Polo Norte, provocando que hoy esté mucho más caliente que hace cincuenta años. La salud y la vida de miles de personas pueden verse en riesgo, debido a la frecuencia y a la intensidad de estas olas de calor.

5. <u>Derretimiento de los glaciares.</u> Océanos con temperaturas más altas son océanos que derriten el hielo de los casquetes polares, aumentando el nivel del mar. Los efectos de alcance global incluirán cambios sustanciales en la disponibilidad de agua de beber y para riego. Esto provocará cambios en los patrones de circulación del agua en los océanos, amenazando la supervivencia de especies de flora y fauna que sobreviven en dichos ecosistemas.

6. <u>Huracanes más peligrosos.</u> El aumento de temperatura del mar hace que los huracanes se vuelvan más violentos, ya que el huracán es el medio que tiene el planeta para repartir el exceso de calor de las zonas cálidas a las más frías. Y a más temperatura, más huracanes, con todos los problemas que conllevan: destrucción de ciudades, de cultivos, desmantelamiento de todos los sistemas, enfermedades...

7. <u>Cambio de los ecosistemas.</u> Una temperatura más alta, menos precipitaciones, sequías e inundaciones hacen que el clima se adapte a esta nueva climatología y, por

tanto, se produzcan cambios en la duración de las estaciones y aparezcan patrones más propios de climas monzónicos...

8. <u>Desaparición de especies animales y vegetales.</u> Muchas especies están viendo como su clima actual desaparece, incapaces de adaptarse a cambios tan rápidos. Aves migratorias están teniendo serios problemas para emigrar, debido a la dificultad para seguir los flujos de temperatura a los que estaban habituadas.

9. <u>Aumento de los niveles del mar.</u> Como los casquetes se derriten, se vierte muchísima más agua en los mares y océanos y, por tanto, aumenta el nivel del mar. Esta es una de las consecuencias del cambio climático más graves, provocando que muchas islas desaparezcan en el futuro y que un buen número de ciudades vean cómo su distancia a la costa se reduce de forma muy significativa.

10. <u>Subida de precios de los alimentos básicos</u>. El cambio climático pone en peligro la producción de alimentos como el trigo o el arroz. Esto significa que cientos de miles de personas, cuya vida depende de sus cultivos, están en riesgo de perderlo todo. Además, si los cultivos escasean, los precios se disparan. Y esto nos afecta a todos, pero especialmente a los países menos desarrollados y con altos índices de pobreza, donde la falta de alimento puede derivar en guerras y migraciones de pueblos enteros en busca de un destino diferente donde encontrar alimento.

Entonces, si queremos paliar los efectos devastadores del cambio climático, debemos apostar decididamente por la economía circular. ¿Y en qué consiste? Pues, básicamente, este concepto económico persigue la sostenibilidad. El objetivo principal es que el valor de los productos, los materiales y los

recursos (agua, energía, ...) se mantenga en la economía
durante el mayor tiempo posible, y que se reduzca al mínimo la
generación de residuos. Aun así y, por si acaso, tal como decía
el bueno de Hawking: busquemos un nuevo hogar en las
estrellas.

寻找新家

V*iaje al pasado*

Vivimos en un mundo tecnológico y digital. Las actuales generaciones han nacido bajo la influencia de unos adelantos tecnológicos, que no tienen parangón con ninguna otra época de la historia del ser humano. En las últimas décadas, las investigaciones, el desarrollo y la innovación en multitud de áreas de la ciencia y el conocimiento humano no tienen fin. La iniciativa pública, pero sobre todo la privada, nos sorprende cada día con nuevos dispositivos y nuevas aplicaciones cada vez más revolucionarias. En este mundo globalizado, la mayoría de estas novedosas tecnologías son de fácil acceso a toda la población. Nuestros hijos, cada vez desde más temprana edad, interactúan con todo tipo de dispositivos móviles multimedia. Tienen una facilidad innata para utilizarlos, ya que son un apéndice más de su cuerpo.

Hoy en día, la información y comunicación entre seres humanos es total. La red de redes ha revolucionado el modo en que nuestra especie se relaciona con el resto del mundo. Hace un par de décadas, la mayoría de las personas interactuaban con su círculo cercano y reducido de congéneres, todos dentro de su ámbito geográfico. En la actualidad, cualquiera puede tener una comunicación fluida con habitantes de otras zonas, países o continentes. Mensajes de texto, de voz o de imagen recorren nuestro planeta de punta a punta en cuestión de segundos. Utilizando simplemente un dispositivo electrónico, tenemos al alcance de la mano la posibilidad de relacionarnos y comunicarnos con cualquier persona sin salir de casa.

En cuanto al acceso a la información, el ser humano actual tiene a su alcance y disposición una increíble variedad de herramientas. Hasta hace relativamente poco tiempo, cualquiera que quisiera información sobre un determinado asunto, debía desplazarse hasta una biblioteca o, si se daba el caso, consultar la enciclopedia de la librería del salón. Ahora, no necesitamos más que escribir o decir en voz alta al buscador de nuestro dispositivo móvil el tema que queremos consultar. En un instante, tendremos ante nosotros multitud de enlaces que tratan el asunto que nos preocupa. Solamente tendremos que acceder a una o varias páginas de información para conocer el mecanismo de reproducción de las amebas o descubrir cuál es la posición en el espacio de la estrella *Próxima Centauri*. ¡Así de fácil! No necesitamos ser historiadores, biólogos, antropólogos, astrofísicos o médicos, ni tampoco ser unas eminencias en cualquier otra disciplina científica o humanística. Toda la información de todos los campos y ciencias del conocimiento humano se encuentran en la palma de nuestra mano. Accedemos a Internet y se abre ante nosotros un inmenso abanico de posibilidades. Eso sí, debemos saber buscar y confiar solamente en páginas oficiales o de reconocido prestigio. En definitiva: *"separar el grano de la paja..."*

Otro aspecto que incide y condiciona a los hombres y mujeres actuales es la inmediatez de la información. No me refiero, en este caso, a la indagación y búsqueda de información activa por nuestra cuenta, sino a la que viene dada de forma pasiva: las noticias. Esta información o comunicación pasiva llega a nosotros sin solicitarla. Cada vez que accedemos a nuestros dispositivos móviles, es lo primero que visualizamos: información sobre lo que ocurre por el mundo. Y ocurren tantas noticias y se actualizan con tanta celeridad, que no damos abasto para asimilar tantos reportes; son mensajes, avisos y notificaciones de consumo rápido. Queda atrás aquella época en que teníamos que esperar al telediario de la noche o al periódico de la mañana, para saber lo que pasaba por nuestro barrio o por el de al lado...

Nuestros dispositivos móviles, cada vez más complejos

e inteligentes, además de ser fuente de información y comunicación a través de redes sociales, son instrumentos que nos permiten fotografiar y visualizar, grabar voz e imágenes, y realizar multitud de tareas. Son tantas y tantas las aplicaciones que podemos descargar y usar, que necesitaríamos la extensión de varios compendios enciclopédicos para poder nombrarlas todas. Son tan variadas estas herramientas, que nos permiten, desde localizar en el firmamento las estrellas visibles de nuestro hemisferio a invertir capitales en las bolsas de todo el mundo. Y no hablemos ya de la infinidad de aplicaciones dirigidas al ocio y entretenimiento.

Y la conexión total no solamente se establece entre particulares. Las corporaciones y multinacionales se enlazan y comunican con otras y, a su vez, con sus clientes y trabajadores. Las instituciones y administraciones públicas lo hacen igualmente. En muchas fábricas, la producción está dirigida permanentemente por computadoras, que ordenan y procesan el trabajo realizado por máquinas y robots en las cadenas de producción. Vivimos, por tanto, en un mundo cada vez más interconectado. Solamente habría que echar 20 años la vista atrás, para comprender el cambio tan extraordinario en todos los sentidos que ha dado nuestra vida.

Casi todos los gobiernos tienen infinidad de bases de datos subidas a la red. Es la única manera de poder acceder a ellos desde diferentes departamentos e instituciones, o desde cualquier lugar con un dispositivo móvil y una conexión de red. Todos estos bancos de datos, que afectan a la economía, seguridad y defensa de los Estados, están convenientemente cifrados para que nadie, salvo el personal autorizado, pueda acceder a ellos. Contienen datos confidenciales y material sensible que debe ser protegido a toda costa; cualquier filtración no deseada de información puede desestabilizar gobiernos y naciones. Al igual que sucede con los poderes gubernamentales, las compañías y corporaciones empresariales se esmeran en proteger sus datos, codificando los accesos a la información privilegiada. Y en el ámbito más privado, los particulares también disponemos de programas de encriptación de datos, que aseguran la confidencialidad de nuestras comunicaciones.

Del mismo modo que se invierten esfuerzos e ingentes cantidades de dinero en la protección de datos, existen, por otro lado, intereses y capitales que buscan romper esos escudos. El actual espionaje de información se extiende a todos los niveles: estatal, empresarial y particular. De la misma forma que ciertos programas codifican la información, otros son creados para descifrar el acceso de manera malintencionada. Diferentes programas espía se introducen a través de la red en nuestros dispositivos, robando y copiando nuestra información privada en busca de un beneficio económico. Los datos confidenciales de los Estados, de las multinacionales e incluso los nuestros poseen un valor monetario de importancia capital. Estos datos serán comprados y vendidos ilegalmente, poniendo en apuros en más de una ocasión a Estados, empresas y particulares. De este modo, cobra gran importancia la figura del *hacker*: <<persona con grandes conocimientos de informática, que se dedica a acceder ilegalmente a sistemas informáticos ajenos y a manipularlos>>. Estos piratas digitales son capaces de infiltrarse en los sistemas informáticos, robando información o, simplemente, insertando un virus que borre y destruya nuestros datos. No será la primera vez ni la última, que un *hacker* consigue poner en jaque a multinacionales y Estados.

Para conseguir la conectividad en nuestro mundo esférico son indispensables los satélites artificiales de comunicaciones. Una miríada de ellos circundan y sobrevuelan la órbita de nuestro planeta. Cifras actualizadas hablan de más de 3.000 satélites operativos y otros tantos que han quedado en desuso. Estos aparatos son como enormes antenas, que emiten ondas de radio y televisión desde determinadas zonas de la Tierra a otras. Hoy en día, sin su ayuda, serían imposibles las telecomunicaciones en nuestro planeta.

Teniendo en cuenta los datos aportados, y sin entrar en más intríngulis, nos podemos hacer a la idea de la gran dependencia tecnológica y digital a la que está sometido el ser humano actual. Por eso, el hombre y la mujer de nuestro tiempo temen a ciertos fantasmas. A veces, cuando duermen, tienen horribles pesadillas y se les aparecen horripilantes monstruos. El más espantoso de todos es el que causará el holocausto nuclear. Le sigue el horrendo engendro que propiciará la dominación de las máquinas. Y por último, pero no por eso menos pavoroso, nos encontramos con un monstruoso esperpento que provocará el Gran Apagón. Sí, un gran cataclismo originará un colapso tecnológico y digital a escala mundial. Este escenario puede parecer ciencia ficción o el guión de una película de Hollywood. Tal vez, no digo que no, pero las probabilidades de que en el futuro ocurra una hecatombe de este tipo son reales, y están ahí... Y sino, que nos digan a todos, quién iba a creerse que un virus de origen animal, cuyo primer foco se detectó en un mercado de una ciudad de provincias de China, nos iba a sumergir en una pandemia mundial en poco más de 2 meses. Y, por cierto, de la que todavía no podemos sospechar sus consecuencias a corto y medio plazo.

Nuestra era digital y nuestra civilización tecnológica podrían desaparecer de un plumazo de la noche a la mañana. En el año 1859, tuvo lugar la tormenta solar más virulenta de la historia desde que se tienen registros. Paralizó las comunicaciones por telégrafo en todo el mundo, y si entonces no tuvo excesivas consecuencias, es porque no existía una civilización tecnológica sobre la Tierra. Si hoy en día estallara una tormenta de mayores características, tendríamos el apocalipsis en la puerta de casa: los satélites artificiales dejarían de funcionar, las comunicaciones por radio quedarían suspendidas, habría apagones eléctricos, dejarían de funcionar ordenadores y teléfonos móviles, Internet fallaría... Ocurriría todo esto e infinidad de catástrofes más, que podrían prolongarse durante días, semanas o meses a lo largo y ancho de todo el planeta.

El desastre podría provocarlo un agente externo, véase la citada tormenta solar, pero también podría sobrevenir desde un malintencionado agente interno. Un virus informático, creado e insertado en la red por un *hacker,* podría secuestrar o destruir la conexión a Internet a nivel mundial. Esto provocaría un apagón digital y similares consecuencias que la consabida tormenta solar. Fuera de una manera u otra, nuestra civilización tecnológica se vería sumida en el caos, emprendiendo un viaje al pasado. No soy capaz de predecir las consecuencias, pero, probablemente, el ser humano retornaría a escenarios de vida asimilables a la Edad Media o, quizás, todavía más atrás en el tiempo.

අතීතයට යන ගමන

E*pílogo*

Ahora, más que nunca, toman razón de ser las recomendaciones del físico, cosmólogo y divulgador científico, Stephen Hawking. Esta mente tan preclara ya lo sugirió unos meses antes de morir: la única manera de evitar la extinción de la humanidad es buscar un nuevo hogar, un nuevo planeta donde sobrevivir. El planeta azul, la Tierra, nuestro hogar desde siempre, está amenazado y herido de muerte. Hawking urgió a la colaboración entre naciones para apostar decididamente por la búsqueda de tecnologías que nos permitan abandonar la Tierra y sobrevivir a la extinción, colonizando otros mundos estelares.

Es curioso que nosotros, los humanos, la especie más inteligente sobre la faz de la Tierra, seamos los culpables de su destrucción, llevándonos por delante, además, al resto de especies que pueblan nuestro maravilloso planeta azul. Pero tal como aseguró Hawking en más de una ocasión, parece inevitable que la vida inteligente tienda a la autodestrucción.

Por tanto, el reloj hace ya tiempo que se puso en marcha: la extinción humana ha comenzado...

Human extinction has begun

Homa formorto komenciĝis

Humanum exstinctus iam inceperat

Η ανθρώπινη εξαφάνιση έχει αρχίσει

人类灭绝已经开始